결혼을 공부하라

결혼을 공부하라

한근태 지음

서문

행복한 결혼을 해야 합니다

    딸과 사위 그리고 손자 주원이와 손녀 다민이가 지난주 미국으로 들어갔다. 딸과 사위는 미국에서 사업도 하고 공부도 하면서 몇 년은 있을 것 같다. 그들의 정착을 돕기 위해 아내도 따라 들어갔다. 나도 보름 후 미국에 가서 열흘쯤 머무르다가 아내와 함께 귀국할 예정이다. 미국에 들어가기 전 딸네식구들이 며칠 우리 집에 있었는데 정신이 하나도 없었다. 아내와 둘이 조용히 살다 갑자기 네 식구가 늘어나니까 집안이 그렇게 복잡할 수 없다. 온 집에 애들 장난감과 책과 옷으로 가득하다. 하루 종일 애들 소리로 귀가 아플 지경이다. 그래도 그렇게 예쁘고 귀여울 수 없다. 새벽에 눈을 비비고 일어나 내 방문을 열고 들어와 내게 안기는 아이들을 보고 있으면 세상 모든 걸 다 얻은 기분이다. 사랑, 충만함, 행복, 따뜻함 어느 단어를 써도 그때의 기분을 표현하기는 힘들다.

난 아이들이 떠나기 전날 지방에 강의가 있는 바람에 가는 걸 보지 못했다. 지방에서 일을 마치고 밤늦게 들어왔는데 이건 사람 사는 집이 아니다. 아무도 없는 집에 불을 켜고 들어가는데 기분이 묘하다. 들어가기도 싫고 들어간 후에도 할 일이 없다. 애들이 있던 방을 둘러보는데 목이 메어온다. 그날 이후 난 혼자 지낸다. 넓은 집에서 밥도 혼자 먹고 텔레비전도 혼자 보고 잠도 혼자 잔다. 손주들이 교대로 나를 안아주고 놀아달라고 했는데 일주일 사이에 독거노인이 된 것이다. 말 한마디 나눌 사람이 없다. 그래도 아직은 할 일이 많아 낮에는 바쁘게 지내는데 밤이 문제다. 동시에 이런 생각이 들었다. 만약 내가 결혼하지 않았다면 어땠을까? 자식이 없으니 손주들도 없을 것이고 그렇다면 내 인생은 어땠을까? 상상조차 하기 싫다. 결혼을 안 해도 안 한 대로 뭔가 살아갈 방법은 찾았을 것이다. 하지만 지금 같은 충만함은 느끼지 못했을 것이란 건 분명하다.

  나이 들어 할아버지 할머니가 되는 일은 평범한 일 같지만 절대 그렇지 않은 비범한 일이다. 사법시험에 붙는 것보다 전문가가 되는 것보다 힘든 일이다. 내가 세 명의 손주를 둔 할아버지가 되어보니까 그 사실을 알 수 있다. 누구나 할 수 있지만 아무나 할 수 없는 게 할아버지가 되는 일이다. 할아버지가 되려면 일단 결혼해야 한다. 결혼까지는 조금만 노력하면 할 수 있다. 내가 누군가를 좋아하고 그 사람도 나를 좋아하고 약간의 경제력만 있으면 된다. 아이를 낳는 일도 그렇게 대단한 일은 아니다. 두 사람 모두 건강하고 아이를 낳고 싶어하면 된다. 근데 아이가 생겨야 한다. 요즘처럼 난임이 많을 때 임신은 그 자체로 큰 축복이다. 근데 아이를 낳는 것만으로는 충분하지 않다. 아이를 잘 키워야 하는데 이 일은 만만치 않다.

아이를 낳는 건 조금의 노력으로 할 수 있지만 아이를 제대로 키우는 건 다른 차원의 문제다. 돈만 있다고 되는 것도 아니다. 수많은 변수가 있다. 아이를 제대로 키워 괜찮은 결혼 상대자로 만드는 일은 보통 일이 아니다. 피아노를 산다고 누구나 피아니스트가 되는 건 아닌 것처럼 아이를 낳는다고 모두가 부모가 되는 건 아니다. 가장 큰 문제는 아이가 성장한 후 일어난다. 내 아이가 결혼할 생각이 있어야 한다. 요즘은 결혼은 필수가 아닌 선택이라고 생각하는 사람이 많다. 결혼해서 행복한 모습보다 불행한 모습을 본 후유증 때문일 것이다. 결혼할 마음을 먹었다고 결혼할 수 있는 것도 아니다. 결혼할 상대를 찾아야 하고 그 상대가 내 자식을 사랑해야 한다. 자식이 결혼했다고 끝이 아니다. 내 자식이 아이를 낳을 생각이 있어야 하고 아이가 생겨야 한다. 휴~ 이렇게 수많은 난관을 뚫어야 할아버지 할머니가 될 수 있다.

결혼하는 건 쉽다. 결혼생활을 지속하는 건 어렵다. 평생 행복한 결혼생활을 하는 건 그 자체로 예술이다. 좋은 배우자를 만나 멋지게 결혼생활을 하는 것만큼 인생에서 중요한 일은 없다. 당연히 결혼이 무언지, 어떤 배우자를 만나야 하는지, 내가 어떤 배우자가 되어야 할지 공부해야 한다. 자식을 낳는 것을 넘어 내가 어떤 부모가 되어야 하는지도 생각해야 한다. 결코 쉬운 일이 아니다.

이 책은 결혼에 관한 책이다. 경영과 자기계발에 관한 책을 주로 썼던 내가 왜 결혼에 관한 책을 쓰게 됐을까? 그만큼 결혼은 인생에서 중요한 일이기 때문이다. 근데 중요한 것에 비해서는 너무 공부하지 않는다는 생각에 이런 책을 쓰게 됐다. 결혼이란 무엇일까? 결혼은 하는 게 좋을까, 하지 않는 게 좋을까? 결혼했다면 아이를 낳는 게 좋을까, 아니면 아이 없이 둘만 사는 게 좋을까? 아이를 낳는다면 몇이나 낳는 게 좋을까? 참으로 수많은 옵션이 있다.

결론부터 얘기하면 나는 결혼을 찬성한다. 혼자 사는 것보다는 결혼해서 사는 게 좋다고 생각한다. 아이도 마찬가지다. 낳을 수 있으면 낳는 게 좋다고 생각한다. 후회할 때 후회하는 한이 있어도 하고 후회하는 게 하지 않고 후회하는 것보다 낫다고 생각한다. 결혼에 실패할 수 있고 속을 썩일 수도 있다. 결혼에 실패한 후 후회하는 것이 결혼을 안 해보고 후회하는 것보다 낫다고 생각한다. 자녀가 속을 썩여도 자녀가 없는 것보다는 있는 게 낫다고 생각한다. 혼자가 아닌 동반자가 있는 것과 아이를 키우면서 얻는 기쁨과 보람이 그만큼 크기 때문이다. 그런 건 설명 불가다. 결혼한 사람만이 알 수 있고 느낄 수 있다.

세상에서 가장 중요한 결정은 결혼에 관한 결정이다. 살면서 수없이 많은 결정을 한다. 공부를 열심히 할 것인지 아닌지, 대학에서 무얼 전공할 것인지, 어떤 직업을 선택할 것인지, 어느 동네에서 살 것인지, 어느 회사에 취직할 것인지 등등……. 하지만 그 모든 선택보다 중요성에서 압도적 우위를 차지하는 게 바로 결혼이다. 결혼만큼 중요한 선택은 없다. 결혼만큼 선택 후 큰 변화를 가져오는 건 없다. 혼자 살다 둘이 사는 것 기본이다. 챙겨야 할 가족이 대폭 늘어난다. 애가 생기면 부담과 책임감은 따따

블이 된다. 상상을 초월한다. 자유는 사라지고 육체적 경제적 부담은 이루 말할 수 없을 정도로 커진다. 슬슬 후회하는 사람이 늘어난다. 나도 그랬던 것 같다. 하지만 그 이상의 기쁨이 있다. 결혼하기 전에는 애를 낳기 전에는 도저히 알 수 없는 기쁨과 보람이다.

결혼에 관한 가장 중요한 사실은 결혼은 현실이라는 것이다. 좋은 일보다는 힘든 일이 많이 있다. 어떤 일이 벌어졌을 때 이해당사자가 늘어 예전과는 다른 행동을 해야 한다는 것이다. 내 생각만 하면 결혼생활이 위험해질 수도 있다는 사실이다. 특히 나같이 오냐오냐하면서 대접받으며 자란 남자는 위험인물일 수 있다. 다른 사람이 눈에 들어오지 않고 자기 멋대로 행동을 할 개연성이 높기 때문이다. 잘못하면 상대에게 치명적 상처를 줄 수도 있다. 그럼에도 불구하고 나를 비롯한 대부분 사람은 결혼을 공부하지 않는다. 아니, 공부할 생각조차 하지 않는다. 그러면서 나를 돌아봤다. 나는 어땠을까? 난 준비를 한 후 결혼했나? 만약 결혼면허를 국가에서 발급했다면 면허를 딸 수 있었을까? 절대 딸 수 없었을 것 같다. 결혼 전 난 전혀 결혼에 적합한 사람이 아니었다. 정신적으로 경제적으로 전혀 준비가 되지 않았다. 운이 좋아 잘살았고 아직 성공적인 결혼생활을 하고 있다. 모두 괜찮은 배우자를 만난 덕분이다.

주변에 괜찮은 처녀와 총각이 너무 많다. 결혼에는 관심이 있지만 다양한 이유로 결혼을 안 하거니 미루고 있다. 난 그들로부터 자주 결혼에 관해 질문을 받았는데 그러면서 그동안의 내 생각을 정리해보고 싶었다. 이 책이 그 결과물이다. 이 책이 결혼을 앞둔 청춘남녀에게 작은 도움이라도 되었으면 하는 마음이다.

2023년 1월
한근태

목차

서문

행복한 결혼을 해야 합니다 · 4

1장 좋은 결혼이 좋은 인생을 만든다 · 15

공부 중에서 결혼 공부가 가장 중요하다 · 17
좋은 배우자를 만나는 것이 최고 복이다 · 22
결혼은 '내' 인생의 제일 중대한 사건이다 · 29
혼자보다 행복해질 것 같을 때 해야 한다 · 31
인간은 진정한 만남을 통해 성장해간다 · 33

2장 당신은 결혼할 자격을 갖추었는가 · 39

당신은 좋은 배우자가 될 자격이 있는가 · 41
운전면허증처럼 결혼면허증이 필요하다 · 46
당신은 어떤 배우자라고 평가받고 싶은가 · 52
모든 장단점은 동전의 양면 같은 것이다 · 57

3장 결혼은 중요하기 때문에 어렵다 · 63

자신이 먼저 제대로 된 상대가 되어라 · 65
결혼은 누구와 언제 하는 것이 좋은가 · 70
결혼 준비 과정의 문제들을 점검해보자 · 75
가족의 의미도 시대에 따라 달라진다 · 84
결혼에서 돈이 전부는 아니지만 중요하다 · 90
혼자 사는 것도 선택이고 존중받아야 한다 · 94

4장 왜 누구는 행복하고 누구는 불행한가 · 101

행복도 불행도 한쪽이 아니라 쌍방 책임이다 · 103
성격 차이는 전혀 문제가 되지 않는다 · 105
결혼에도 한계효용 체감의 법칙이 작동한다 · 111
때로 상대가 화를 낼 때는 조용히 받아주자 · 113

5장 부부간에도 일정한 거리가 필요하다 · 119

부부는 남이기 때문에 싸우지 말아야 한다 · 121
원만한 관계를 위해 일정 거리를 유지하자 · 127
상대를 있는 그대로 받아들이고 인정하자 · 128
상대를 비난하거나 경멸해서는 안 된다 · 133
상대를 고객이라고 생각하고 친절하게 대하자 · 138
부부 관계는 어떻게 싸우는지로 결정된다 · 139

6장 결혼은 인생의 가장 큰 변화이다 · 145

결혼은 인생의 가장 큰 변곡점이다 · 147
미완성으로 만나 완성되는 것이다 · 152
부부는 아이를 키우면서 어른이 된다 · 158
아이를 낳아 키우는 것은 의미가 있다 · 164
부부라도 각자의 프라이버시를 지켜주자 · 169
결국 결혼의 모든 책임은 당사자에게 있다 · 173

1장

좋은 결혼이
좋은 인생을 만든다

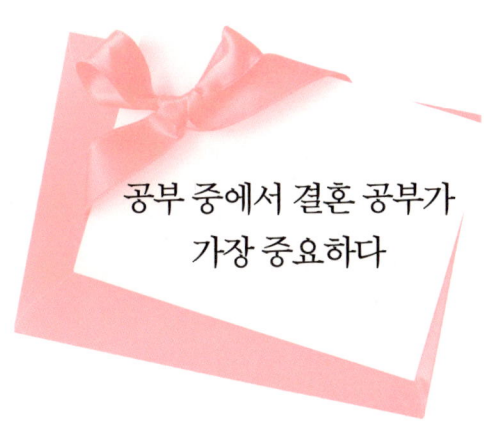

공부 중에서 결혼 공부가 가장 중요하다

최근 모 기업 대표의 연설을 들었다. 그동안 들은 연설 중 압도적 일등이다. 이렇게 강력하면서도 재미있는 스피치를 들어본 적이 없다. 이 회사는 지난 몇 년간 눈부신 성장을 하다 최근 주춤하고 있는 상태인데 심기일전해서 벗어나자는 얘기인데 참으로 인상적이었다. 대표는 키가 크고 얼굴도 잘생기고 어디 하나 나무랄 데가 없는 사람이다. 다음이 연설 내용이다.

오늘은 내 연애 얘기와 식당 얘기를 하겠다. 먼저 연애 얘기다. 난 서울대학교에 입학하면 여성들이 줄을 설 줄 알았다. 근데 그렇지 않았다. 그러다 첫 미팅에서 아주 예쁜 여자를 만났다. 「은하철도 999」에 나오는 여주인공 메텔을 닮았다. 근데 매일 술 먹고 노느라 성실하게 만나지 않았다. 그녀는 오전 일찍감치 만나는 걸 선호했는데 나는 매일 술 마시고 노느라 그 시간에 맞추기 힘들었다. 본의 아니게 늦는 게 습관이 됐는데 심지어 두 시간까지 기다리게 한 적이 있다.

그러던 어느 날 그녀가 이별 통보를 했다. 내용은 이렇다. '당신같이 불성실한 사람과는 더 이상 만나고 싶지 않다. 나를 존중하지도 않고 무엇보다 스스로를 존중하지 않는 당신이 참 딱하다. 어떻게 인생을 그렇게 살 수 있는가?' 보기 좋게 차인 것이다. 내 무덤을 내가 판 격이었다. 그러다 다른 여자를 만나게 됐다. 이번에는 정신을 차려 늦지는 않았지만 딱 기본만 했다. 영혼을 담아 만나지 않았고 그냥 습관적으로 만나 밥 먹고 차 마시고 영화 보고 그랬다. 그러다 또 차였다. 뭔가 내게 문제가 있다는 걸 알았다.

그즈음 동창 소식이 들려왔다. 원래 명문대를 갈 실력이 었는데 흡연으로 무기정학을 받는 바람에 성적이 떨어져 명지대학교에 간 친구다. 근데 명지대학교에 예쁜 여학생이 그렇게 많고 그 가운데 그가 있다는 소식이 들려왔다. 완전히 꽃밭에서 왕자처럼 지낸다는 얘기였다. 배가 아팠다. 나보다 키도 작았고, 얼굴도 못생겼고, 공부도 못했던 그가 저렇게 미인들과 노는데 난 뭐가 하면서 자책했다. 그러다 동창회에서 그를 만났고 난 쪽팔림을 무릅쓰고 '어떻게 하면 연애를 잘할 수 있는지' 조언을 구했다. 그는 이런 얘기를 했다.

"참, 사람들은 이상해. 정말 중요한 일에는 에너지를 쓰지 않고 별로 중요하지 않은 일에는 온갖 시간과 비용을 쓴다니까. 사실 연애나 결혼은 매우 중요한 일인데 연애가 무엇인지 결혼이 무엇인지 공부하고 탐구하지 않잖아. 공부가 중요해. 연애도 결혼도 그게 무언지 공부해야 해. 상대에 관해서도 공부해야 해. 상대가 무얼 좋아하고 무얼 싫어하는지 연구해야 해. 내가 어떤 사람인지도 연구해야 하고. 내가 해줄 수 있는 게 무엇이고 해줄 수 없는 게 무엇인지도 탐구해야 해. 그래서 그녀가 좋아하는 일과 내가 해줄 수 있는 일을 매칭해야 해."

한마디로 연애에 대해, 상대에 대해, 자신에 대해 공부해야 한다는 것이다. 그 후 『사랑의 기술』 『유혹의 기술』 같은 책을 읽기 시작했다. 그리고 상대에 대해 또 나에 대해 공부하면서 서서히 괜찮은 연애를 할 수 있었다. 드디어 천국 문이 열리기 시작한 것이다.

다음은 식당 얘기다. 식당에는 몇 종류가 있다. 첫째는 동네 식당이다. 그냥 한 끼 때우러 가는 식당이다. 특별한 게 없다. 매일이 비슷하고 그저 그렇다. 별다른 발전을 기대하기 어렵다. 둘째는 빕스 같은 식당이다. 모든 게 표준화되어 있다. 요리도, 접객도, 프로세스도 다 매뉴얼대로 한다. 기본은 하지만 별다른 감동은 없다. 셋째는 동네 식당에서 진화 발전해 특별한 감동을 주는 식당으로 발전하는 것이다. 하동관 같은 식당이 그렇다. 매일 연구하고 나아지기 위해 애를 써서 오늘날의 하동관이 된 것이다.

난 이 강연을 들으면서 결혼에 대해 생각했다. 살면서 결혼만큼 중요한 일은 별로 없다. 공부도 중요하고 취업도 중요하지만 결혼보다는 못 하다. 근데 그 중요한 연애와 결혼에 대해 공부한 적이 없다. 결혼이란 무엇인지, 왜 결혼해야 하는지, 어떤 사람을 만나야 하고 어떤 사람을 만나지 말아야 하는지, 언제 결혼해야 하고 주의할 점은 무엇인지에 대해 생각조차 해본 적이 없다. 그냥 남들이 만나니까 나도 만나고 남들이 결혼하니까 나도 결혼했다. 뻔한 조언이나 무용담이 내가 아는 지식의 전부다. 그야말로 무면허 상태에서 차를 몰고 대로로 나가는 것과 같다. 내가 왜 이 책을 쓰고 있을까? 결혼에 대한 연구의 일환이다. 결론을 내기는 부족하지만 결혼을 연구하라는 말을 하고 싶기 때문이다.

 지금이라도 결혼에 대해 공부하라. 상대에 대해 연구하라. 상대가 무얼 좋아하고 무얼 싫어하는지, 내가 무얼 해줄 수 있고 무얼 해줄 수 없는지 고민하라. 그럼 조금은 괜찮은 결혼을 할 수 있을 것이다.

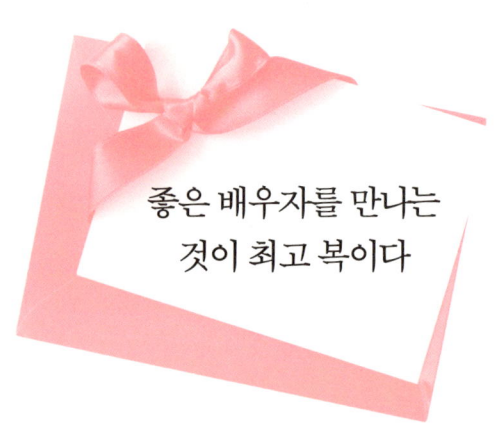

좋은 배우자를 만나는 것이 최고 복이다

 여러분의 가정은 어떤가? 웃음과 사랑이 넘치는 홈 스위트 홈인가? 아니면 썰렁한 귀곡산장 느낌이 드는가? 거실에 모여 하루 동안 일어난 일을 얘기하는가, 아니면 각자 방으로 흩어져 독립적인 생활을 하는가? 죽은 후 천당이 있는지 아닌지는 잘 모른다. 근데 이승에서 천당을 경험하는 방법이 하나 있다. 가정을 천국으로 만들면 된다. 가정이 천국이면 이승은 천국이 되고 가정이 지옥이면 이승은 지옥이 된다. 그만큼 가정은 삶에 결정적 역할을 한다.

 난 가정에서의 성공이 최우선 순위에 있다. 다른 모든

것에서 성공해도 가정에서 대접을 받지 못하고 가족들과 좋은 관계를 갖지 못하면 의미가 없다고 생각한다. 근데 쉽지 않다. 돈만 벌어주면 된다고 생각하면서 가정에 별 신경을 쓰지 않는 사람들도 많다. 큰 착각이다. 지금 친밀감을 확보하지 않으면 나중에 회복하는 데는 시간이 엄청나게 걸리고 회복이 안 될 수도 있다. 가장 쉽고도 어려운 것이 바로 가족 관계다.

가족 상담을 받으러 오는 사람들은 대부분 착한 사람들이다. 착하다는 건 무슨 뜻일까? 착한 아이는 착한 아이로 태어난 것이 아니다. 주변환경과 어른들 요구에 자신을 그렇게 맞춘 것이다. 그들은 타인의 시선으로 자신을 바라본다. 자기 생각보다는 다른 사람이 자신을 어떻게 보고 자신에게 무엇을 원하는가에 더 신경쓴다. 그러면서 문제가 쌓인다. 뭔가를 지나치게 참거나 억누르는 건 위험하다. 가족 안에서도 마찬가지다. 너무 바른 것만 강조하거나 너무 공부만 주장하면 한 방에 훅 가는 수가 있다. 내면의 압력이 너무 높아지면 터질 때 걷잡을 수 없다. 평생 착한 딸로 살았고 결혼 후에도 착한 아내와 엄마로 살고 있는 여성 중 의외로 우울증과 무기력에 쌓여 시달리는 사람이 많다.

분노도 조심해야 한다. 대학 중퇴 후 10년 동안 게임만 하면서 산 남자가 있다. 그는 자기감정, 생각, 욕구를 조금도 표현하지 않는다. 자신을 수족관에 있는 돌고래와 비슷하다고 생각한다. 이유는 바로 분노 때문이다. 그는 스무 살 때까지 대학 앞에서 자취생활을 했는데 매일 게임만 했다. 부모는 그런 그의 모습에 충격을 받고는 3개월 동안 정신병원에 보냈다. 그는 정신병원으로 끌려가면서 너무 억울하고 분한 나머지 '내 인생을 완전히 망쳐버리겠다.'라고 결심했고 그 후 자신을 망치기 위해 10년을 보냈다.

이처럼 억압된 분노는 독이 될 수 있다. 가족이 의사소통에 서툴고 미숙하면 감정을 표출하지 못하고 분노가 쌓인다. 표출되지 못한 분노는 원망으로 변한다. 원망은 파괴를 원하는 감정이다. 상대를 파괴하거나 자신을 파괴하려 한다. 이를 회복하기 위해서는 자기감정을 읽고 이를 표현할 수 있어야 한다.

삶의 주도권도 중요하다. 자녀 일에 너무 간섭하면서 '감 놔라 배 놔라.' 해서는 안 된다. 알아서 독립적으로 생각하고 판단할 수 있어야 한다. 멀쩡한 집에서 잘 성장한 두 딸이 교대로 자살 시도를 한 사건이 있다. 겉으로 보기엔 아무 문제 없고 평온해 보인다. 지나친 통제가 원인이다. 부모는 자녀의 일상을 속속들이 감시한다. 조금이라도 통제 범위를 벗어나면 못 견뎌 한다. 한번은 딸이 친구와 제주도를 갔다. 그런데 부모가 옆방에 투숙하면서 딸을 내내 감시했다. 자녀의 블로그와 카톡까지 모든 것을 검열했다. 이 집에선 어떤 비밀도 허용되지 않았다. 딸들의 자살 시도는 살아남기 위한 몸부림이었다.

문제 아이 뒤에는 문제 부모가 있다. 그만큼 부모의 문제는 고스란히 아이들에게 전해진다. 부모 사이에 문제가 있을 때 자녀는 문제 행동을 보일 뿐만 아니라 특정한 신체적 증상도 보인다. 거식증, 폭식증 같은 식이장애가 대표적이다. 거식증에 걸리는 사람은 반항적이거나 공격적인 사람이 아니다. 남에게 싫은 소리를 못 하고 피해도 주지 않는 유형이다. 주위에 신경써 가능한 문제를 일으키지 않고 남의 말을 잘 듣는 착한 사람이다. 아이들이 이렇게 되는 것은 가족 간 갈등이 생겼을 때 자신이 완충재가 되고 싶기 때문이다. 자기 몸을 던져 가족을 지키려는 행위다. 자신에게 문제가 생기면 기존의 갈등이 덮인다고 판단하기 때문에 벌어진 일이다. 거식증을 유발하는 전형적인 가족의 특징은 부부 관계에 문제가 있다는 것이다. 불안하고 침울하고 건드리면 폭발할 것 같은 가족 관계 속에서 아이는 엄마의 안색을 살피고 아빠의 비위를 맞추는 고달픈 나날을 보내게 된다. 식이장애를 호소한다는 것은 가족들에게 뭔가 호소를 하는 것이다.

누구나 내면에 그림자를 갖고 있다. 여자들은 수다를 떨면서 이런 문제를 해결하지만 남자들은 뾰족한 방법이 없다. 대부분 투사를 통해 해결한다. 자기 집 쓰레기를 남의 집에 가져다 버리듯 자신의 부정적 감정을 아내와 아이에

게 무단 투기하는 것이다. 자신에게도 날린다. 그렇게 행동한 자신을 부끄러워한다. 술과 여자로 위로를 받는 형태도 있다. 프로세스는 이렇다. '마음에 상처가 있다. 부정적 감정이 발생한다. 스스로 해결을 시도한다. 안 되면 투사한다. 남을 공격하거나 자신을 공격한다.'

모든 것은 변한다. 지금은 자식과 부모가 같이 늙어가는 첫 세대다. 그래서 부모 자식 관계도 계속 변해야 한다. 건강한 관계가 되기 위해서는 관계도 성장하고 독립해야 한다. 아주 중요한 과제다. 제일 중요한 건 정서적 독립과 분리다. 배우자보다 부모를 우선시하는 태도는 결혼을 파멸로 이끈다. 결혼하면 그동안 충성하던 대상이 바뀌고 부모와의 관계도 바뀌어야 한다. 그러기 위해서는 먼저 부모로부터 정서적 독립이 필요하다. 근데 자녀의 독립을 방해하는 부모가 많다. 정서적 독립은 자녀만의 문제가 아니다. 바로 부모들이다. 허전함과 아쉬움을 느낀다. 부모와 자녀의 강한 애착 관계는 친밀감과 연대감을 주지만 다른 측면에서 정서적 독립을 어렵게 한다.

가족은 하나의 감정 덩어리다. 한 사람이 불행하면 다른 사람들이 행복할 수 없다. 아빠의 한숨 소리에 다 같이 우울해질 수도 있고 엄마의 웃음소리에 모두가 행복해질 수도 있다. 지금 사회에 여러 문제가 일어나고 있다. 나는 이런 문제의 근본 원인이 가정에 있다고 생각한다. 가정이 바로 서면 사회가 바로 선다고 생각한다.[*]

---

[*] 『가족의 탄생』을 요약한 것입니다.

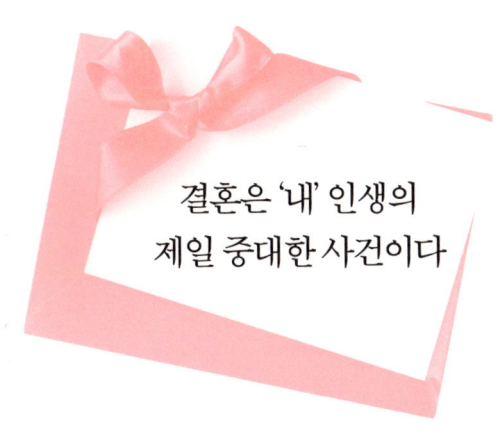

결혼은 '내' 인생의 제일 중대한 사건이다

"아담은 세상에서 제일 행복했다. 장모가 없었기 때문이다."

결혼 관련 유머이다. 결혼의 성패에는 부모 역할이 중요하다. 요즘도 아들을 가졌다고 유세하는 사람들이 있다. 아들 가진 유세를 세게 하면 당신 아들이 망가진다는 그 뻔한 사실을 모르는 것이다. 직장에 다니는 며느리가 전을 못 부친다고 타박하는 사람도 있다. 그깟 전 부치는 것 좀 못 하면 어떤가? 그러다 이혼하면 누가 제일 손해를 보는가? 바로 당신 아들이고 부모인 당신들이다. 선수를 링

위에 올려보냈으면 부모는 밖에서 지켜보아야 한다. 게임이 마음대로 되지 않는다고 코치가 링에 올라가서야 되겠는가?

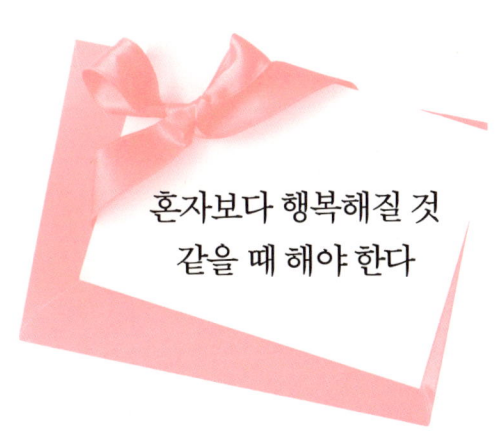

혼자보다 행복해질 것 같을 때 해야 한다

"부부간에는 평생 3개의 링ring을 선물한다. 약혼반지engagement ring, 결혼반지marriage ring, 고통suffering이 그것이다."

때가 되면 결혼을 해야 한다. 하지만 때가 되도 적임자가 나타나지 않으면 나타날 때까지 결혼을 미루는 것이 좋다. 많은 사람이 단지 적령기가 되었다는 이유로 결혼한다. 위험한 일이다. 그런 분들에게 다음 질문을 하고 싶다.

왜 결혼하려고 하는가? 지금보다 조금이라도 더 행복해지려고 하는 것 아닌가? 결혼해서 더 행복해질 가능성이 있는가? 그럴 확신이 섰을 때 결혼하라. 그래도 행복하기는 쉽지 않은 것이 현실이다.

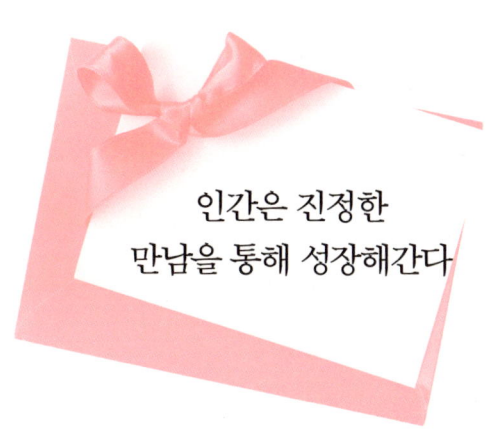

인간은 진정한 만남을 통해 성장해간다

최고경영자 과정 주임교수 시절 참석자를 모시고 일본으로 졸업여행을 다녀온 적이 있다. 그분들과 4개월간 같이 공부하고 친교했지만 어떤 분들인지는 잘 몰랐다. 그저 모 회사 사장이고 어느 학교를 나왔다는 정도만 알았다. 버스 이동 시간이 길어지자 난 이동 중 돌아가면서 자기 인생에 관한 얘기를 하자고 제안했다. 간단히 얘기를 한 분도 있지만 그중 몇 분 얘기는 사람들을 감동시켰다. 어느 분의 얘기를 소개한다.

"저는 시골 조그만 집성촌에 살았습니다. 몇 집을 제외

하고는 모두 친인척이었어요. 그 동네에 정말 사랑하던 여자가 있었습니다. 그런데 그 여자의 부친이 사업을 한다고 동네 사람에게 빚을 졌는데 망하는 바람에 하루아침에 빚쟁이가 되어 동네에서 추방되었습니다. 참 갑갑하더군요. 그래도 저는 그녀와 꼭 결혼하고 싶었습니다. 결혼 얘기를 꺼내자 어른들은 빚쟁이와 혼사는 불가능하다고 말했습니다. 하지만 그녀 아버지가 빚진 것과 딸 결혼이 무슨 상관이냐고 따졌지요. 어린 제가 강하게 주장하자 제 결혼문제는 동네의 주요 이슈가 되었고 급기야 동네 사람들의 난상토론을 거쳐 투표까지 했는데 부결됐습니다. 절대 있을 수 없는 일이란 것이었죠.

미치겠더군요. 다시 한번 어머니에게 제발 결혼을 허락해달라고 요청했지만 통하지 않았습니다. 눈에 흙이 들어오기 전에는 그런 집안과 혼사는 안 된다며 완강히 반대하셨어요. 저는 가족과 절연할 생각을 하고 장인 될 사람을 찾아가 야반도주를 해 멀리 가서 살 테니 허락해달라고 했지만 그 역시 거절당했습니다. 여자 때문에 부모를 버리는 것은 있을 수 없다는 것이었죠. 더 이상 방법이 없더군요. 눈물을 머금고 헤어졌습니다. 그동안 주고받았던 편지가 가마니로 하나인데 그것을 태우면서 울었습니다.

그리고 얼마 후 중매로 다른 여자를 만나 결혼했습니다. 몇 년이 지난 후 회사 일을 마치고 나오는데 누군가가 저를 보고 있다는 느낌이 들었습니다. 보니까 그녀가 저만치 서 있는 겁니다. 오랜만에 다방에 앉아 얘기를 들어보니 선생을 하던 그녀가 나를 잊지 못해 그 동네 학교로 전근을 온 겁니다. 만나지는 못해도 모습이라도 보고 싶었다더군요. 그래서 제가 출퇴근하는 모습을 멀리서 보고 있었던 것입니다. 정말 가슴이 찢어지는 것 같았습니다."

그의 얘기에 사람들이 그녀는 지금 뭘 하냐고 질문했다. "아직 혼자 삽니다. 50이 넘었어요." 나를 비롯해 몇몇 사람은 눈물을 흘렸다. 그 애틋한 사랑이 생각나고 그녀가 얼마나 힘들었을까 측은함이 생겼기 때문이다. 할 말을 잊었다.

한 분이 그렇게 물꼬를 트자 여기저기서 솔직한 얘기가

나오기 시작했다. 이어 다른 회사 사장님의 얘기다.

"저는 머리 좋은 여자와 결혼했습니다. 저보다 똑똑했어요. 저런 여자가 집에만 있는 것은 아깝다고 생각했죠. 대학을 졸업했지만 아이를 낳은 후 다시 의과대학을 다녔고 지금은 의사가 됐습니다. 그런데 그 과정에서 여러 갈등이 생겼습니다. 한 번도 아내가 차려주는 밥을 먹은 적이 없고 애는 늘 제 차지였습니다. 제가 번 돈 역시 그녀 뒷바라지에 모두 쓰였습니다. '도대체 내가 왜 결혼했는가?' 하는 후회를 많이 했습니다. 그런 생각을 하니 시선 역시 곱지 않고 말도 거칠게 나갔고 그러면서 갈등이 깊어졌습니다.

이혼 외에는 방법이 없다고 생각했고 이혼하기 전에 일곱 살 딸애를 설득하기 위해 하늘공원에 놀러 가 어렵게 얘기를 꺼냈습니다. '아빠하고 엄마하고 따로 살려고 하는데 괜찮겠지?' 그러자 딸애가 '엄마하고 아빠를 수술했으면 좋겠어.'라고 말했습니다. 당황한 제가 '도대체 무슨 수술?' 하고 말하자 딸애가 눈물이 글썽하여 '마음 수술'이라고 답했습니다. 저는 엄청난 충격을 받았습니다. 맞는 말이었습니다. 저와 집사람은 수술이 필요했습니다. 마음을 대대적으로 고치는 그런 수술이…… 집으로 오면서 생각했습니다.

회사에서는 경영도 잘하고, 리더십도 잘 발휘하고, 사람들에게 인기도 있는데 왜 집에만 오면 죽을 쑤는 것일까? 내가 집사람을 위해 진정으로 노력한 적은 있는가? 집사람 마음 하나 못 잡는 내가 무슨 경영을 하겠다는 건가? 그 후 마음을 고쳐먹었습니다. 그동안의 잘못을 사과하고 진실한 마음으로 대하자 집사람도 변하기 시작했고 지금은 저희 가정이 완전히 정상으로 돌아왔습니다. 딸애의 말 한마디가 제 인생을 바꾸었습니다."

두 사람의 얘기는 결코 하기 쉬운 게 아니다. 아주 개인적인 얘기이고 부모나 형제에게도 감추고 싶은 얘기일 수 있다. 하지만 한 사람이 자신의 진실한 얘기를 하자 분위기가 완전히 바뀌었다. 한 사람이 마음 문을 열자 다른 사람 역시 마음 문을 열었다. 그 후 구경은 뒤로 밀렸다. 그런 얘기들로 버스 안에는 감동의 물결이 일었다. 사람이

다르게 보이기 시작했다. 사람에 대해 애정이 생겨났다. 그전에는 그저 엄숙하고 재미없는 아저씨란 생각을 했지만 그 얘기를 들은 후 그분을 보는 나의 눈은 180도 달라졌다. 벽이 허물어지면서 다들 가슴 속에 품었던 얘기를 하나씩 털어놓기 시작했고 급속히 가까워졌다.

사람은 만남을 통해 성장한다. 만나면서 사람을 알게 되고 그 과정에서 자신도 돌아보게 된다. 만나면서 삶이 풍요로워진다. 하지만 모든 만남이 다 소중한 것은 아니다. 영혼이 만나고 자신을 오픈할 수 있어야 만남에 의미가 있다. 아무리 술을 마시고 망가져도 영혼이 만나지 않으면 친해지지 않는다. 반면 술 한 방울 마시지 않아도 영혼이 만나면 친해진다.

"만남은 바깥에서 이루어진다. 각자의 성을 열고 바깥으로 걸어 나오지 않는 한 진정한 만남은 이루어질 수 없다. 우리는 우리가 갇혀 있는 성벽을 뛰어넘어야 한다. 인간적인 만남의 장은 언제나 바깥에 있기 때문이다."

신영복 선생의 말이다.

2장

당신은 결혼할 자격을 갖추었는가

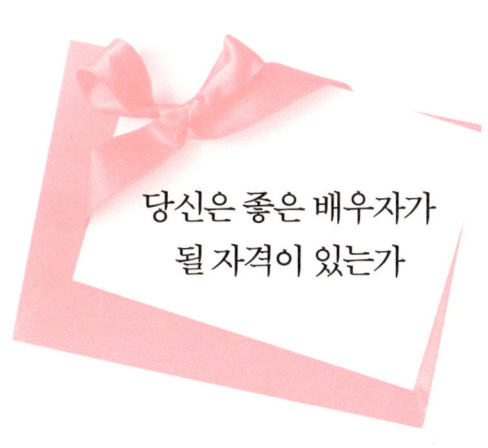

당신은 좋은 배우자가 될 자격이 있는가

학교에 가는 것, 졸업하고 취직하는 것, 결혼하고 애를 낳는 것, 애를 잘 키워 사회에 내보내는 것……. 사람이 태어나서 하는 기본 행동들이다. 근데 목적을 물으면 답하기 어렵다. 학교에 갈 때 목적을 생각하는가? 교육이란 무엇인가를 생각하고 학교에 갔는가? 한 번도 생각해본 적이 없다. 때가 돼서 갔고 남들도 가니까 나도 갔을 뿐이다.

결혼도 그렇다. 남들도 하니까 나도 했다. 내 경우는 유학을 앞두고 했기 때문에 전략적 의도가 있었다. 혼자 가는 것보다는 둘이 가는 게 낫고, 힘든 공부할 때 혼자 외롭게 공부하는 것보단 둘이 있으면 도움이 되고 서로에게 힘이 될 것이란 생각으로 했다. 그야말로 아무 생각 없이 했다. 근데 하고 보니 생각보다 훨씬 중요한 의사결정이었다. 이렇게 쉽게 결정해서는 안 되는 결정을 너무 쉽게 했던 것이다. 일단 나 자신이 결혼에는 부적합한 사람이다. 까칠하고 이기적이고 상대를 생각하지 못했다. 그렇다고 집이 잘사는 것도 아니고 시어머니 성격이 좋은 것도 아니었다. 최악은 아니지만 절대 좋은 배우자감은 아니다. 그래도 배우자를 잘 만나 아직도 잘살고 있다.

왜 결혼할까? 결혼의 목적은 무엇일까?

내가 생각하는 결혼의 목적은 소유다. 내가 누군가를 사랑한다. 근데 나만 이 사람을 사랑하고 싶다. 경쟁자를 다 없애고 나만의 소유권을 인정받고 싶다. 그래서 찾은 해법이 결혼이다. 물론 나만의 생각이다. 하지만 일리가 있지 않은가? 결혼의 목적은 소유권 획득이다. 집이나 자동차를 사는 것과 크게 다를 게 없다. 결혼과 사랑의 차이도 소유다. 사랑만으로는 소유권을 주장할 수 없지만 결혼하는 순간 상대에 대한 소유권을 주장할 수 있다. 결혼은 공식적으로 상대가 내 것이 되었으니 이제 더 이상 이 사람을 넘보지 말라는 선언이다.

문제는 소유에 따른 감가상각이다. 처음에는 끝내주게 좋았다. 그런데 소유 기간이 길어지면서 기쁨과 가치가 줄어드는 것이다. 인간은 자신이 소유한 것에 대해 소유 이전보다 가치를 덜 느낀다. 사랑도 물건도 마찬가지다. 물건을 살 때는 좋지만 그 후에는 장롱 속에 처박아두는 것도 그 때문이다. 결혼도 그렇다. 소유권을 주장하고 내 것으로 생각하는 순간 사랑의 감정이 줄어든다. 너무 당연한 일이다. 그렇다면 어떻게 해야 하는가? 결혼하지 않아야 하는가? 사랑하지만 결혼하지 않으면 경쟁자가 두렵다. 언제든 내 사랑을 빼앗을 수 있고, 내 사랑 역시 나를 떠날 수 있다. 반대로 결혼하면 사랑이 쉽게 식을 수 있다.

그렇다면 최선은 결혼한 후 사랑을 가능한 오래 간직할 방법을 찾으면 된다. 그럼 결혼 후에도 오랫동안 상대를 사랑할 수 있고 사랑받을 수 있다. 그게 무엇일까? 노자의 생이불유生而不有다. 낳았지만 갖지 않는다는 의미다. 소유권은 획득했지만 휘두르지 않는 것이다. 상대를 내 것으로 착각하지 않는 것이다. 난 그런 정신이 너무 중요하다고 생각한다. 결혼은 소유권 획득이지만 상대를 내 소유물로 생각하지 않아야 한다. 최대한 자유를 보장해야 한다. 같이 있어도 좋지만 따로 숨쉴 시간을 주어야 한다.

옛날 사람들은 왜 결혼했을까? 크게 세 가지다. 첫째 종족 보존을 위해서다. 일정 숫자가 있어야 생존을 보장할 수 있기 때문이다. 둘째, 노동력 확보를 위해서다. 경제적 이유다. 농경시대의 결혼은 노동력 확보의 가장 큰 수단이다. 당연히 결혼하고 애를 많이 낳는 것이 경제적으로 유리하다. 셋째, 종족 혹은 국가 간 동맹을 위해서다. 비즈니스 측면이 강하다. 전쟁을 방지하기 위해, 큰 나라의 침입을 막기 위해, 상대 나라와 좋은 관계를 유지하기 위해 결혼을 했다.

그렇다면 옛날 결혼과 지금 결혼의 차이는 무엇일까? 첫째, 옛날에는 경제적 이유가 컸는데 지금은 같은 이유로 결혼을 하지 않는다. 예전에는 결혼이 경제에 도움이 됐지만 지금은 반대다. 둘째, 예전 결혼에는 사랑의 비중이 작았다. 없는 건 아니었지만 지금과는 게임이 되지 않았다. 지금은 사랑의 비중이 크다. 셋째, 같은 이유로 자식에 대한 가치도 달라졌다. 예전에는 자식을 못 낳는 건 칠거지악의 하나로 인식했지만 지금은 아니다. 자식은 선택이다.

한 번쯤 결혼의 목적을 생각해볼 가치가 있지만 가능한 한 생각하지 말았으면 한다. 정말 하고 싶으면 하는 것이고, 결혼을 해야 할 1,000가지 이유가 있어도 하기 싫으면 하지 말아야 한다. 대신 당신이 정말 원하는 것이 무언지, 상대가 좋은 배우자감인지, 당신이 좋은 배우자가 될 자격이 있는지 생각하고 결정하라. 그게 힘들면 혼자 살아라. 괜히 결혼해서 여러 사람에게 민폐 끼치지 말고. 결혼에 대한 내 생각이다.

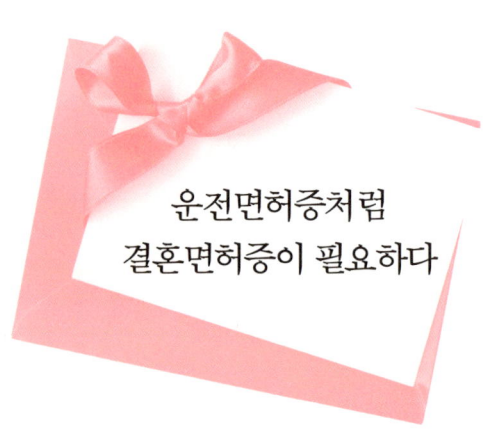

운전면허증처럼 결혼면허증이 필요하다

글사세 1기 회원이 쓴 결혼에 대한 글이다. 본인의 프라이버시를 생각해 익명으로 한다.

한근태 작가님의 블로그에서 오늘 아침 이런 글을 읽었다. '혼자만으로는 한계가 있기 때문에 둘이 합쳐 좀 더 빨리 자리를 잡기 위해서 결혼을 한다.' 물론 일리 있는 말이다. 그러나 결혼이 사업도 아닌데 경제적인 공동체가 얼마나 의미 있는 것일까? 합병하면 안 되는 기업이 합병하면? 퇴출 대상의 좀비 기업과 합병하면? 생각만 해도 끔찍하다. 태생적으로 결혼이 맞지 않는 사람이 있다. 연애는 어울릴 수 있지만 가정을 이루고 누군가와 어우러져 사는 것에는 적절치 않은 자유로운 영혼들이 있다. 그들에겐 결혼은 복용 금지 약물이다. 마시는 순간 심각한 부작용이 예상된다.

부모들은 결혼하지 않은 자식을 걱정한다. 가정만 일구면 모든 문제가 해결될 것으로 착각한다. 과연 그럴까? 결혼은 도깨비방망이가 아니다. 물이 줄줄 새던 바가지 같은 내 새끼가 결혼한다고 깜짝 변신하는 건 아니다. 오히려 상황이 더 나빠질 수 있다. 혼자서는 몰라도 다른 사람과 함께 사는 게 태생적으로 맞지 않는 사람들이 분명 있다. 그런 사람은 결혼하지 않는 게 맞다.

지인 중 한 분은 아들에게 다음과 같이 말했다고 한다. "아들아, 너는 자유로운 영혼의 끝판왕인데다가 책임감도 없는 편이니 절대 결혼은 하지 말아라. 너랑 똑같은 여자 만나면 가정이 유지될 수 없을 것이고 너와 반대되는 여자 만나서 괜히 남의 귀한 자식 눈에서 피눈물 낼 일 없으니 너 혼자 즐겁게 살아라. 자유로운 삶은 너 하나로 족하다. 퍼뜨리지 말고." 이렇게 쿨한 엄마가 있을 수 있다는 것이 놀랍다. 물론 그녀도 처음부터 이렇게 쿨했던 것은 아니다. 가정을 돌보지 않고 자유롭게 사는 남편을 만나 뜨거운 맛을 보고, 그 아들 또한 강력한 유전자의 힘으로 그런 것을 보면서 자기와 같은 희생양을 또 만들지 않겠다는 사명감이 생긴 것이다.

그것을 보면서 최근 온 나라에 창궐해 힘들게 하는 코로나바이러스가 생각났다. 일명 코로나바이러스 남편, 코로나바이러스 아내가 아닐까? 자각증상이 나타나기 전 보균자일 때는 스스로 자가격리가 힘들다. 모르기 때문이다. 그럼 또 다른 환자를 양산한다. 결혼 부적격자란 사실은 스스로 알기 어렵다. 그들은 사회적 압력과 부모의 기대에 힘입어 결혼이라는 복용 금지 약물을 원샷으로 마시는 것과 같다.

내 남편 역시 자유로운 영혼으로 명예의 전당에 올리고 싶은 인물이다. 혼자 있는 것을 즐기고 떠돌아다니는 것을 일상의 낙으로 여긴다. 가족은 그에게 버거운 짐이다. 그에게 가족은 자기의 발걸음을 더디게 만드는 짐일 뿐이다. 물론 연애할 때는 최상의 조건이었다. 만나면 즐겁고 예측불허의 성격으로 매번 신상을 대하는 짜릿함까지 있다. 그러나 이 버릇은 결혼한다고 절대 바뀌지 않는다. 어른들은 애가 없어서 그렇지 애만 생기면 철이 들며 바뀐다고 한다. 그러나 그것도 사람 나름이다. 혼자 설 수 없는 사람은 둘이서도 설 수 없다. 아니, 본인은 물론 나머지 사람마저 주저앉힌다. 혼자 서기 버거운 사람은 자기 혼자 설 수 있도록 노력하고 배려해주어야 한다. 옆에 기대는 순간 같이 넘어진다. 결혼은 '건강한 두 사람이 따로 또 같이'를 전제로 한다. 각자 설 수 있어야 같이 설 수 있다.

요즘 출산율 저하를 걱정하는 목소리가 높다. 결혼연령이 늦어지고 결혼을 필수로 생각하지 않는 사고방식이 문제라고 개탄하기도 한다. 근데 과연 그게 사실일까? 예전처럼 이른 나이에 모든 사람이 다 결혼해야 할까? 난 동의하지 않는다. 생각도 없고 준비도 안 된 젊은이들을 결혼시키면 더 큰 재앙이다. 준비도 안 된 채 결혼했다가 아이 낳고 이혼해버리면 사회적으로 더 큰 문제 아닌가? 결혼을 시뮬레이션으로 돌려보고 과연 내가 여기에 적합한 사람인가 점검해보는 시스템이 정말 절실하다. 연습경기 없이 본선으로 뛰어들기에는 너무 위험한 지옥의 레이스가 결혼이다. 결혼을 하겠다고 해도 뜯어말려야 할 대상에게 나이가 들었으니 빨리 결혼하라고 다그치는 것처럼 무책임한 폭력은 없다. 무심코 던진 돌에 개구리가 맞아 죽는다는 말처럼 무책임하게 던진 말로 지금 이 순간 마시지 말아야 할 잔을 들이켜는 이가 없는지 돌아보자.

이 글을 읽는 내내 공감을 했다. 함부로 결혼하면 안 되겠다는 생각을 굳혔다. 나 역시 운전면허증처럼 결혼면허증을 발급할 것을 주장해왔다. 또 주기적으로 운전면허를 갱신하듯 결혼도 갱신해야 한다고 얘기했다. 한쪽이 마음에 들지 않으면 다른 한쪽이 개선할 때까지 결혼 자격을 유예하자는 것이다. 결혼은 정말 중요하다. 무자격자가 함부로 결혼하는 걸 막아야 한다. 그들은 가장 먼저 본인을 망친다. 다음으론 귀한 집 자식을 망치고 그들이 낳은 자식까지 망치면서 사회에 부담을 준다. 당신은 결혼 자격이 있는가? 혹시 무면허로 수십 년을 살고 있는 건 아닌가? 무자격자인 자식을 결혼시키려고 애쓰는 건 아닌가?

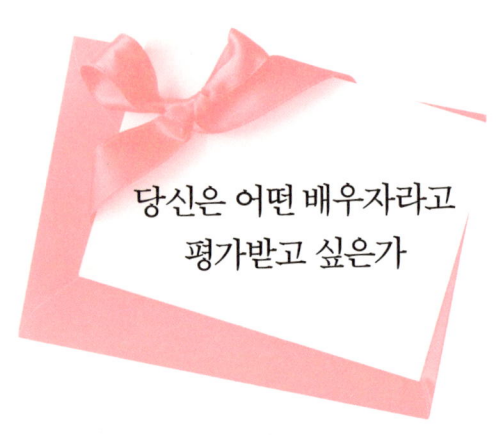

당신은 어떤 배우자라고 평가받고 싶은가

2017년 3월 3일

"51세가 될 때까지 그이와 26년을 살았습니다. 최소한 26년은 더 함께 살 수 있으리라 생각했습니다. 배가 아파서 응급실에 갔습니다. 기껏 맹장염이려니 했습니다. 아니랍니다. 안도의 숨을 내쉬려는데 난소암이라는 겁니다. '암'이라는 단어 cancer(캔서)와 '무효화한다'는 cancel(캔슬)이 왜 한 끗 차이인지 그제야 깨달았습니다. 살날이 얼마 안 남은 것 같습니다. 제 남편과 결혼해주실 여성분을 찾습니다. 단언코 말씀드리는데, 그이는 금세 사랑에 빠질 만한 남자입니다. 아버지 친구가 소개팅을 주선해주셔서 만났는데, 저는 첫눈에 반했습니다. 9490일을 함께 살아본 제가 장담합니다. 키 1미터 78센티미터, 몸무게 73킬로그램, 희끗희끗한 머리에 담갈색 눈을 가졌습니다. 성공한 변호사, 훌륭한 아빠, 옷 잘 입는 멋쟁이, 기막힌 요리사인데다 집 안 구석구석 못 고치는 것이 없습니다. 아 참, 엄청나게 잘 생겼다고 말했나요? 제가 소망하는 건 오직 하나뿐입니다. 부디 좋은 여성분이 이 글을 읽고 그이를 만나 새로운 러브스토리를 꾸려 나가는 것, 그것뿐입니다."

2018년 6월 15일
"제가 그 남편입니다. 아내가 1년여 전에 올린 글은 광고라기보다 저에 대한 러브레터 같은 것이었습니다. 열흘 뒤에 저세상으로 갔으니 이 세상에 남긴 마지막 글이 됐습니다. 아내가 떠나고 난 뒤 홀아버지로서 수많은 결정에 직면해야 했습니다. 인생의 성쇠를 함께하며 도와줄 그녀가 더 이상 곁에 없습니다. 가장 잔인한 아이러니는 26년 간 살아온 아내, 아이들의 엄마, 가장 좋은 친구를 한꺼번에 잃어버리고 나서야 하루하루를 음미할 줄 알게 됐다는 겁니다. 진부한 말로 들릴 겁니다. 그런데 사실입니다."

남편 제이슨은 최근 출간한 회고록에서 이렇게 덧붙였다. "남자는 바위처럼 단단한 금욕적 유형으로 묘사된다. 감정을 드러내지 않아야 한다고 한다. 허튼소리다. 나는 아내의 시신이 들것에 실려 나갈 때 아기처럼 울어댔다. 눈이 붓도록 울었다. 그 후에도 함께 들었던 귀에 익은 곡조가 흘러나오면 차 안에서도 가슴이 미어지도록 울었다. 나는 그랬다."

내가 좋아하는 『조선일보』 윤희영의 글을 옮긴 것이다.[*]

---

[*] 2020년 7월 9일자 『조선일보』에 실린 [윤희영의 News English] "제 남편과 결혼해줄 여성을 찾습니다"는 다음과 같이 시작한다. "미국의 동화 작가 에이미 로즌솔은 2017년 난소암으로 숨졌다. 그녀는 사망 열흘 전 『뉴욕 타임스』에 'You may want to marry my husband'라는 광고를 냈다. 남편 제이슨은 이듬해 같은 신문에 답글을 올렸다. 최근엔 회고록도 출간했다. 제목은 'My wife said you may want to marry me.'"

난 이 글을 읽으면서 나도 모르게 눈물이 났다. 오래 살수록 데면데면해진다는 말이 무색하단 생각이다. 그들은 첫눈에 반했지만 26년이 지난 지금까지 사랑하고 있다. 사랑이 변하기는커녕 오히려 깊어지고 있다는 생각이다. 한편 얼마나 좋은 남편이면 죽어가는 아내 입에서 이런 말이 나올까? 도대체 어떤 남편이었을까? 그러면서 동시에 나를 돌아봤다. 난 어떤 사람이고, 어떤 남편일까?

늘 자신 있게 살아왔다. 아내에게도 제법 괜찮은 남편이라고 자부하며 살아왔다. 근데 만약 광고를 한다면 문구가 어떨까? 내가 생각한 문구는 이렇다.

"꽤 괜찮은 남자입니다. 성실하고 따뜻하고 유머감각이 좋습니다. 좋은 아빠이고 할아버지입니다. 물론 좋은 남편입니다. 단, 주의사항이 있습니다. 늘 집안을 어지릅니다. 장롱문은 늘 열어놓고 쓴 화장품 뚜껑도 자주 열어놓습니다. 무언가를 제자리에 두는 경우가 별로 없습니다. 무언가를 잘 잃어버립니다. 그동안 잃어버린 우산을 합하면 우산 가게를 차려도 됩니다. 지갑, 시계, 핸드폰도 숱하게 잃어버렸습니다. 자주 오버합니다. 옆에서 브레이크를 잘 밟아야 합니다. 무엇보다 가장 큰 문제는 연식이 오래됐다는 겁니다. 아직은 그런대로 굴러가지만 언제 가다 설지 모릅니다. 그래도 사겠다면 말리지는 않겠지만 애프터서비스는 안 됩니다. 반품 불가입니다."

오늘의 과제다. 배우자가 죽기 전 당신을 파는 광고를 한다면 어떤 광고를 할지 물어보라. 많은 남성이 이런 말로 도배가 될 것이다. "판매 불가" "상품 가치 제로" "나나 되니까 같이 산다" "나의 아픔을 다른 사람에게 떠맡기고 싶지 않다!"

당신은 어떤 배우자인가? 어떤 배우자가 되고 싶은가? 배우자의 입에서 어떤 얘기를 듣고 싶은가?

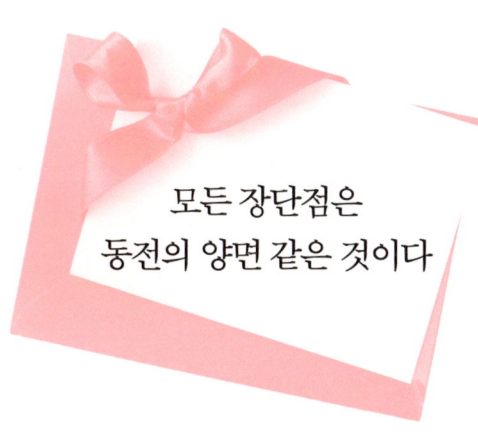

모든 장단점은 동전의 양면 같은 것이다

이 글은 내 딸 화영이가 브런치에 올린 글이다. 딸의 허락을 받고 전문을 그대로 싣는다.

어떤 사람과 결혼해야 할까? 배우자는 어떤 기준으로 골라야 할까? 한 번쯤 써보고 싶은 주제였는데 최근 여자친구와 헤어졌다는 시동생 이야기를 들으면서 '오늘이다' 싶어 날 잡고 끄적여본다.

사실 남편은 내 이상형이 아니었다. (여보 미안, 그렇지만 과거형이야♥) 대학에서 같은 동아리를 했지만 졸업하고 한

참이 지난 후에 사귀기 시작해 결혼까지 발표했다. 그때 우리 둘 다 아는 한 오빠가 "화영, 너 그런 취향이었어? 난 네가 되게 차가운 도시 남자 스타일 좋아하는 줄 알았는데." "오빠, 나 그런 스타일 좋아했……"

아무튼 남편은 이상형은커녕 어린 시절 내가 '절대 안 돼'라고 했던 세 가지 덕목을 고루 갖춘 3부ㅈ남에 해당한다. 연하남, 지방남, 개룡남. 이런 우리가 결혼까지 한 데에도 스토리가 길지만 요약하자면 '내가 한참 남자, 관계, 나 자신에 관한 회의에 젖어 있던 때 남편이 적극적으로 구애를 했고, 8년 이상 보면서 남편이 똑똑하고 열심히 사는 청년이며 좋은 인간이라는 확신이 있었기 때문에 관계를 시작했고, 알면 알수록 괜찮은 남자라 여기까지 왔다.' 정도가 될 것이다. 그리고 결혼까지 결심할 수 있었던 남편의 가장 중요한 핵심역량은 바로 '갈등 해결 능력'이다.

살면서, 특히 신혼 때는 지방남(게다가 그 지방이 경상도고 대구라면 말 다 했지 않은가)이자 개룡남이라는 점이 가끔 내 발목을 잡고 머리를 쥐어뜯게 했다. 하지만 그때마다 남편은 본인의 핵심역량을 아낌없이 발휘했다. 그리고 해가 바뀌고 둘에서 시작한 가족이 넷이 되는 오늘날까지 그의 '갈등 해결 능력'은 점점 더 빛을 발하는 중이다. 결혼을 한 사람들, 특히 아이가 있는 사람들은 잘 알겠지만 '결혼은 현실이다.' 서로 정갈하고 단정한 모습만 보여줄 수 있는 것도, 즐겁고 재밌는 일들만 함께하고 좋은 감정만 나눌 수 있는 것도 아니다. 열에 아홉 커플 정도는 연애할 때보다 결혼해서 아이를 낳은 후에 싸울 일이 500배쯤 많다.

그리하여 현재까지 만 4년 7개월여를 사는 동안 대체로 난 '역시 내가 남편을 잘 골랐군.' 스스로의 안목을 자화자찬하고 있다. 이 외에 내가 꼽는 남편의 장점은 다음과 같다.

- 열정과 집념의 아이콘으로 매사에 최선을 다하고 더 나은 미래를 위해 늘 애쓴다.
- 강한 멘탈로 힘든 상황에서도 나의 든든한 버팀목이 되어준다.

- 뛰어난 학습능력+의지가 있어서 좋다고 생각하면 빠르게 습득한다.
- 언제나 나를 위하고 맞춰주고 도와주고 뭐든 해주려는 '태도'가 좋다.

결혼할 사람을 찾는 사람이라면 꼭 기억해야 할 것은 모든 장단점은 동전의 양면 같은 것이라는 점이다. 예를 들면 열정과 집념으로 나를 괴롭힐 수도 있다? ㅋㅋ

아무튼 근래 들어 부부가 비슷한 성향과 취미를 가지고 있는 것 역시 일종의 축복이라는 생각이 들었다. 우리 부부는 친구 사이일 때부터 종종 드라마를 주제로 수다를 떨었는데(아직도 기억난다. 내가 가장 좋아하는 그사세!), 아이들이 어려서 못 나가고 코로나19 때문에 아예 두문불출 집콕을 하는 시국이 되니 그게 그렇게 좋을 수 없다. 같이 넷플릭스 뽀개는 취미를 공유하지 않았다면 삶이 3분의 1배 정도는 지루해지지 않았을까?

오늘은 남편이 첫째 재우기 담당인데 아무래도 잠이 든

모양이다. 이제 브런치를 업로드하고 깨워서 넷플릭스 봐야지!

3장

결혼은 중요하기 때문에 어렵다

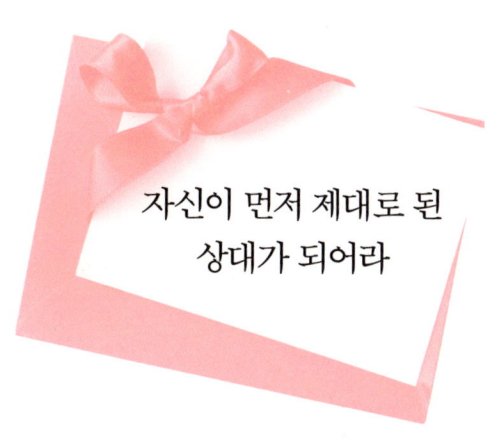

자신이 먼저 제대로 된 상대가 되어라

 태생적으로 결혼 생각이 없는 사람은 별로 없다. 대부분은 결혼하고 싶지만 마땅한 상대를 찾지 못한다고 얘기한다. 차일피일 미루다 혼기를 놓치고 혼자 사는 경우가 대부분이다. 난 이 얘기를 들을 때마다 '마땅한 상대'가 도대체 어떤 상대일까 하는 의문점이 생긴다. 머리 좋고 돈 많고 인물 좋고 거기에 키도 크고 성격도 좋은 그런 사람? 당연히 집안도 좋아야 한다. 특히 여성에게 시어머니가 없거나 부담이 적은 둘째가 적당할 것이다.

 이 정도면 될까? 무리한 요구는 아니라고? 이런 인간이 존재할까? 존재하지 않는다고 생각한다. 완벽한 사람은 없고 이 중 분명 한두 가지는 걸릴 것이다. 또 다른 의문이 존재한다. 그렇게 괜찮은 사람이 나를 좋아할까? 난 그런 자격이 있을까? 이상적인 사람은 존재할 수 있지만 그 이상적인 존재가 나를 좋아할 확률이 희박할 것이다. 왜? 내 눈에 끝내주게 멋진 사람은 다른 사람 눈에도 똑같이 멋져 보일 것이고 경쟁이 치열할 것이다. 잽싸게 누군가 채 갔을 가능성이 크다.

평생 수많은 쇼핑을 한다. 차도 사고 집도 사고 옷과 음식도 산다. 그중 최고로 어려운 쇼핑이 바로 배우자 쇼핑이다. 결혼에서 가장 중요한 것은 제대로 된 배우자를 고르는 것이다. 그래서 결혼하기 전에는 두 눈을 크게 뜨고 결혼한 뒤에는 반쯤 감아야 한다고 말한다. 하지만 대부분 사람들은 반대로 한다. 결혼 전에는 눈이 멀어서 하고 그 후 비로소 제정신으로 돌아온다. 그래서 배우자의 단점을 샅샅이 살핀다. 결혼에서는 채용이 제일 중요하다. 제대로 된 배우자를 만나는 것이 무엇보다 중요하다. 근데 제대로 된 배우자를 만나기 전 할 일이 있다. 바로 제대로 된 사람이 되는 것이다. 좋은 옷을 사기 전 멋진 몸매를 만들어야 하는 것과 비슷하다.

좋은 사람 눈에 들기 위해서는 내가 먼저 좋은 사람, 괜찮은 사람이 되어야 한다. 그 사실을 명심해야 한다. 문제는 자기 주제는 보지 않고 눈만 높다는 것이다. 눈이 높을 수는 있다. 아니, 당연히 눈이 높아야 한다. 근데 거기에 맞게 자기 수준을 높여야 한다. 좋은 배우자를 만나는 최선의 길은 자신을 갈고닦는 것이다. 괜찮은 사람에게는 괜찮은 사람이 꼬이고 이상한 사람은 이상한 사람을 만나는 법이다. 본바탕이 틀린 사람이 결혼생활을 잘하기가 쉽지 않다. 결혼해서 팔자가 폈다는 사람은 원래 괜찮았던 사람일 확률이 높다. 원래 본질이 괜찮았는데 그것이 숨어 있다가 환경이 바뀌면서 나온 것이다.

인생에서는 방향 못지않게 순서가 중요하다. 결혼도 그렇다. 적당한 짝을 찾는 것도 중요하지만 내가 적당한 짝이 되는 게 먼저다. 성공적인 결혼 생활을 위해서는 두 사람이 먼저 자격을 갖추고 상호 노력을 해야 한다. 결혼 생활에 문제가 생기는 건 대부분 일방과실이 아니라 쌍방과실이다. 결혼할 때 덕 볼 생각을 하지 말아야 한다. 덕 보려는 마음 대신 '내가 저 사람을 좀 도와줘야지.'라고 생각하면 문제가 없다. 그런데 덕 보겠다는 생각으로 고르면 엉뚱한 걸 고르게 된다.

시작장애인 애널리스트인 신순규의 아내가 그런 사람 같다. 덕 보는 대신 도와주려고 결혼을 했다. 그가 쓴 책 『눈 감으면 보이는 것들』의 일부를 인용한다.

'왜 나와 결혼할 생각을 했느냐고 물었다. 근주는 세 가지를 말해주었다. 말이 통하는 사람, 믿음이 가는 사람, 그리고 항상 내 편이 되어줄 수 있는 사람이라고 생각했다는 것이다. 같은 질문에 나는 이렇게 말해주었다. 무엇보다 나는 근주의 자신감이 좋았다고. 같이 걸어 다닐 때 우리에게 쏟아지는 눈길, 특히 한국 사람들로부터 받는 관심에 대해 근주는 절대 부끄러워하지 않았다. 우리 사이를 사람들에게 밝힌 뒤 근주는 나와 데이트하는 것을 자랑스럽게 생각했고 또 그렇게 행동했다. 내가 나의 직업에 대해 걱정할 때 근주는 자기 혼자 벌어도 둘이 충분히 먹고살 수 있다고 말해주었다. 그런 자신감을 나는 소중하게 생각했다. 돌아보면 결혼을 꿈꾸고 준비할 때 위시 리스트를 두 개 작성해야 했다. 나의 배우자가 어떤 사람이었으면 하는 리스트도 중요하지만 더 중요한 것은 내가 배우자에게 어떤 사람이 되었으면 좋겠다는 목록을 작성하고 준비하는 것이었다. 근주는 당당함으로 나에게 자신감을 선물해주었고 나는 근주에게 평생 한편이 되어줄 거란 믿음을 주었다.'

어떤 배우자를 만나고 싶은가? 대부분 명확한 기준을 갖고 있다. 당신은 어떤 배우자가 되려고 하는가? 대부분 생각조차 해보지 않았다. 난 현재 어떤 배우자인가? 지금으로 충분한가? 후자에 신경을 쓰면 결혼 생활이 점점 나아지지 않을까?

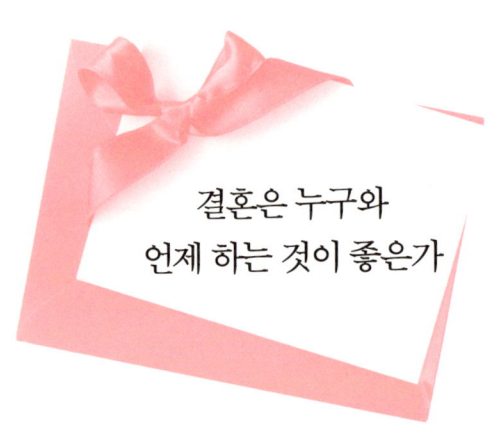

결혼은 누구와 언제 하는 것이 좋은가

첫사랑과 결혼한 커플들이 공통으로 하는 후회가 있다. 좀 더 연애해보고 결혼했으면 좋았겠다는 것이다. 그랬으면 더 괜찮은 배우자를 만날 수 있지 않았을까 하는 가정이다. 일리가 있다. 사람들이 시기 질투하는 커플이 있다. 결혼 전 수많은 사람과 연애하고 놀 거 다 놀고 그러다 괜찮은 배우자 만나 알콩달콩 잘 사는 커플이다. 재미볼 것 다 보면서 배우자 보는 안목도 키운 후 최적의 상대를 만나 결혼해서 잘사니 그 자체로 부러운 것이다. 젊어서 충분히 놀아봤기 때문에 여한이 없다. 이상적인 배우자란 존재하지 않는다는 깨달음도 얻었다. 사람은 다 거기서 거기이고 특별한 사람이 없다는 현실적인 눈도 갖게 된다.

여러 사람을 만나서 사귀었지만 결혼하지 않은 사람도 아주 많다. 백화점을 다 돌아다녔지만 마음에 드는 물건이 없어 구입을 안 한 사람이다. 어떻게 저 인물과 학벌에 결혼을 안 했을까? 안 한 것일까, 못 한 것일까? 궁금증을 불러일으키는 사람도 많다. 깊은 속내는 알 수 없지만 너무 재고 따지다 인연을 놓쳤을 확률이 높다. 그가 하는 얘기 안에서 그런 걸 직감할 수 있다. 아예 연애 세포가 말라 젊은 시절부터 별다른 연애를 못 하면서 늙어가는 사람도 있다. 정말 사람 숫자만큼 결혼한 이유와 결혼 안 한 이유는 다양하다.

언제 결혼하는 것이 좋을까? 결혼에 적당한 나이는 존재하는 것일까? 적령기適齡期란 말이 있는 걸로 봐서는 분명 결혼에 적합한 나이는 존재한다. 나이 령齡 앞에 이빨 치齒가 있는 게 궁금하다. 왜 나이를 뜻하는 한자에 치아

3장 결혼은 중요하기 때문에 어렵다

가 있을까? 나이를 먹으면 치아가 약해지거나 빠진다는 의미인가? 이빨 빠지기 전에 결혼하라는 말인가? 잘 모르겠다. 결혼은 너무 빨라도 안 되고, 너무 늦어도 안 된다. 육체적으로 정신적으로 성숙하고 둘이 사랑하고 아이를 낳아 책임질 역량이 됐다는 판단이 서면 결혼하는 게 좋다. 그렇다고 모든 게 준비된 상태로 결혼할 수는 없다. 준비가 끝나는 시점이란 존재하지 않기 때문이다.

난 스물여덟, 아내는 스물다섯에 결혼했다. 그야말로 아무 준비 없이 유학을 앞두고 내린 결정이었다. 내 친구 중 나보다 몇 년 빠른 친구도 있긴 하지만 대부분 서른 즈음에 결혼했다. 요새는 많이 늦어져 서른다섯 전후에 하는 것 같다. 수명이 길어졌고 사회가 달라졌으니 거기에 따라 적령기도 달라지는 것 같다. 결혼에 적당한 때가 있을까? 애를 염두에 둔다면 임신이 가능한 나이에 해야 하지만, 그렇지 않다면 좋은 짝이 나타날 때 하면 되는 거 아닐까? 저 사람과 같이 살고 싶고 저 사람과 같이 잠들고 같이 깨고 싶다는 생각이 들면 해야 하지 않을까? 그럼에도 불구하고 언제 결혼하는 게 좋을 것인지는 사람들의 관심거리다. 관련해서 브라이언 크리스천Brian Christian과 톰 그리피스Tom Griffiths가 함께 쓴 책 『알고리즘, 인생을 계산하다』이 통찰력을 준다. 다음 내용이다

배우자 고르는 것과 백화점 쇼핑에 대한 비유가 있다. 1층부터 올라가면서 괜찮은 상대를 고르는데 적절한 대상이 나타나면 구입을 결정해야 한다. 어느 순간 배우자를 고를 것이냐가 핵심이다. 근데 한 가지 원칙이 있다. 위로 올라가면서 고를 수 있지만 다시 밑으로 내려갈 수는 없다. 어느 순간 결정해야 할까? 지금 만난 사람이 그런대로 괜찮다. 근데 더 괜찮은 사람이 나타나지 않을까 갈등이 생겨 결정을 미룬다. 계속 더 봤는데 마땅치 않다. '그때 그 사람과 결혼했어야 했는데.'라는 후회가 밀려온다. 언제 결정을 해야 할까? 37%에서 멈추는 것이 좋다. 이게 최적 멈춤optimum stopping이다. 전체 소요 시간의 37% 정도의 시점이 좋다는 것이다. 37% 시점에서 결정하는 것이 성공확률이 가장 높다. 너무 알아만 보고 결정하지 않는

것도 문제가 될 수 있고, 알아보지도 않고 결정하는 바람에 더 좋은 기회를 놓칠 수도 있다.

결혼은 누구와 언제 하는 것이 좋을까? 사랑하는 사람과 하는 건 아니다. 결혼하고 싶은 마음이 들었을 때 옆에 있는 사람과 결혼하게 된다. 사랑보다 타이밍이 더 중요하다. 나 역시 결혼 생각이 들었을 때 옆에 있던 사람이 지금의 아내다. 당신은 지금 어떤 상황인가? 결혼 생각이 있는가? 지금 옆에 누가 있는가? 그때 그 사람과 결혼해야 했는데 하는 생각이 드는가? 지금 이 사람보다는 몇 사람을 더 본 후에 결혼하고 싶은가? 결혼, 참 중요하지만 어려운 결정이다.

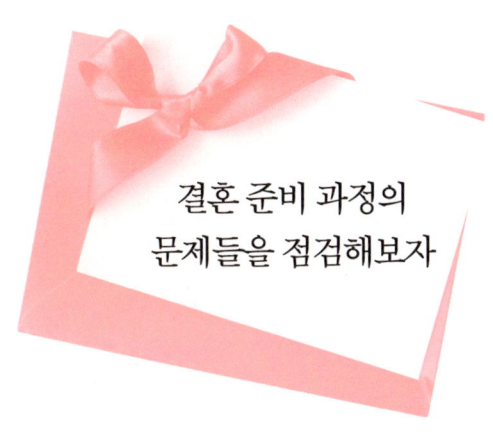

결혼 준비 과정의 문제들을 점검해보자

이 글은 내 둘째 사위가 쓴 글이다.

함께 가자 전우여.

결혼 준비 어떻게 해야 해? 너무 사적인 영역이라 모든 걸 솔직하게 이야기는 못 한다. 쓸 수 있는 부분만 적는다. 절절한 현실이다. 결혼은 사랑이지만 결혼 과정은 업무다. 한번은 사업하는 친구와 대화를 나누다가 '비즈니스 모델+사람+운=성공'이라는 기가 찬 공식을 들었다. 결혼 과정도 다르지 않다. 사람과 운은 정해져 있는 것이니 내가 할 수 있는 건 '비즈니스 모델'을 좀 만지는 것이다.

5년 전 병원 요양병동에서 일할 때 경험이다. 난 돈 없는 사람들만 거기 온다고 생각했다. 그렇지 않았다. 어느 날 환자 보호자와 대화를 나누는데 전문직을 갖고 있었다. 근데 환자인 할아버지는 아들을 달가워하지 않았다. 둘은 데면데면하고 며느리는 병원 정문에 서서 들어오지 않았다. 아들은 그 동네 살고 있었다. 같은 동네인데 안 모시나? 세 사람은 왜 저렇게 된 걸까? 그런 데면데면한 가족들이 많았다. 그들에게는 뚜렷한 패턴이 있었다. 그들 인생에 부모는 없었다는 것이 그것이다. 그건 부모도 비슷했다. 관계가 나빠도 자기들 책임은 없다고 생각했다. 섭섭한 일이 생기면 자식을 잘못 키웠다며 억울하고 분하다는 걸로 결론을 내렸다.

행복이 중요했다. 어떤 그림을 그려야 미래 가정이 행복해질까? 고부갈등 방지, 사돈 간 갈등 방지가 목표였다. 들어보면 다들 결혼 초반이 불화의 시작이다. 고부 관계는 초반에 궤도를 잘 타면 순항하고 잘 못 타면 잡기 어려워 보였다. 진료실에 60이 다 된 어머님 한 분이 신경과민으로 오셨다. 또 고부갈등이다. "이제 그만하면 되지 않았느냐"는 남편 얘기는 파도를 해일로 키울 뿐이다. 고부간에 기껏 1년에 두 번 마주칠 뿐인데 응어리는 1년 내내 풀리지 않는다는 것이다. 어떻게 해야 저 고난의 열차를 안 탈 수 있을까?

화목한 가정은 자식만의 역할이 아니다. 부모도 지속적으로 변화를 추구해야 한다. 나이 들었다고 철도 들진 않는다. 나는 변하지 않을 테니 너희들만 변하라고 하면 파국이다. 대부분 고부갈등은 부모가 돌아가야 끝난다. 자식들이 돈을 잘 벌고 사회 중심에 있어도 사고는 부모에게 묶여 있는 경우가 많다. 리더인 부모가 더 넓고 새로운 사고를 보여야 한다. 모두 각자 역할이 있음을 이야기했다.

결혼 과정에서 생길 주요 문제의 리스트를 만들었다. 두 사람은 사랑하여 결혼하는가? 부모님이 며느리와 사위에게 만족하는가? 경제적 문제의 충돌은 없는가? 원활한 커뮤니케이션이 가능한가? 빠르게 진행되는가?

두 사람은 사랑하여 결혼하는가?

반드시 결혼해야 한다는 생각은 없었다. 결혼은 선택이라 생각했다. 결혼 생활은 본인만의 내공도 있어야 하고 주변의 사랑도 있어야 한다. 미리 갖춰야 할 게 많다. 그래서 두 사람이 별로 좋아하지 않으면 버티기 힘들겠다는 생각을 자주 한다. 당연히 진심으로 좋아하는 사람이랑 결혼해야 한다.

결혼에 대해 긴가민가하던 친구가 "결혼하면 뭐가 제일 좋아?"라고 물었다. 그런 질문을 할 거면 하지 말아야 한다. 나는 결혼에 수동적이었다. 짝꿍을 사랑하긴 하지만 내 일도 사랑했다. 무엇보다 당시 업무량과 생산성을 유지 못 할까 불안했다. 일이 좋았다. 평일 주말 가리지 않고 일했다. 강력한 생산 부스터를 달았는데 집에서 사랑을 속삭여야 하는가? 그림이 잘 그려지지 않았다. 결혼은 집을 스스로 살 만큼 능력을 갖추어야 할 거 같았다. 충분히 돈도 벌어야 할 것 같았다. 일도 궤도에 올랐어야 할 것 같았다. 혼자로도 부족함이 없었다. 그런데 둘이 되면 모든 걸 설득하고 맞춰야 하는데 그게 고민스러웠다. 결혼이 속도를 늦추는 브레이크처럼 느껴졌다. 그래서 능동적이지 않았다. 하지만 결혼할 거라면 이 사람이랑 해야 한다는 생각은 흔들리지 않았다. 참 어중간했다. 부모에게도 짝꿍에게도 결혼할 거라고 했는데 언제 한다고는 말해본 적이 없다. 팁을 주자면, 마음이 섰으면 결정은 빠를수록 좋다. 그렇지 않으면 민망하다.

결혼할 때 뭐가 가장 중요했어?

나에 대한 확신과 고부갈등이 생길지 말지에 대한 감이 중요했다. '결혼해도 질리지 않겠구나. 내가 일단 마음먹고 열심히 끈기와 인내는 발휘하겠구나.' 그 정도 확신이다. 짝꿍과 내 부모님은 초반 만남이 좋아 잘 지낼 것 같은 느낌이 들었다. 짝꿍이 조화롭고 겸손한 사람이다. 장인 장모님도 존경심이 일어날 만큼 좋은 분이시다. 시작이 좋았다. 부모님 기대감을 낮춰야 했다. 잘난 아들은 별로다. 나는 늘 부모님께 부족함을 지적받는 아들이다. 동행한 자리에서 항상 깎이기 바쁘다. 상견례 나갈 부모님이 혹시 나를 자랑할까 싶어 걱정했는데 기우杞憂였다. 상견례 자리에서 깎이기 바빴다. "아들이 성격이 참…… 애가 청소를 안 합니다. 부모 말을 안 들어요." 이 상품은 하자가 있으니 알고 구매하라는 듯 상견례 내내 나의 단점과 부족을 밝히기 바빴다. 이런 분위기는 결혼 이후에도 계속된다. "더럽지? 청소 안 하지? 아무렇게 벗어 놓지?" 깎이는 정도가 높아질수록 고부간 공감대를 형성했다. 이런 관계가 갈등 없는 고부를 만드는 것 같다. 부모님이 아내한테 "저 부족한 놈 너가 좀 잘 보살펴라." 이야기하는 게 가장 아름다운 그림인 것 같다. 그러면 아내도 역할이 많아지고 부모님과 친해질 기회가 생긴다.

돈 이야기는 그냥 직접 했다

돈 이야기를 사돈 간에 하면 피곤해질 것 같았다. 결혼식장이든 집 마련이든 몇 년간 모아둔 목돈이 오간다. 민감할 가능성이 크다. '부모님이 다 알아서 하실 거야. 우리 부모님 그런 분 아니야.' 이렇게 생각하면 큰일 난다. 결혼 과정 중 그런 생각은 한 번도 안 했다. 그 생각 믿고 있다 무너진 경우를 너무 많이 봤다. 믿음의 문제가 아니라 절차의 문제였다. 돈 이야기를 부모끼리 하다 틀어지면 자식은 컨트롤하기 어렵다. 연인은 사랑하니 컨트롤할 여지가 있다. 그래서 돈이 오갈 항목에 대한 체크리스트를 만들어 부모님께 가져갔다. 그리고 이야기를 시작했다. "집은 어떻게 할까요? 결혼식장은? 예물과 예단은? 이불은? 친척들 옷은? 폐백은?" 그냥 전부 물었다. 내 의견은 넣지 않았고 계획도 말하지 않았다. 그냥 부모님 생각만 쭉 들었다. 상대 집안 생각은 절대 넘기지 않았다. 오직 두 분의 생각만 적었다. 이렇게 각 집안의 결혼 기준을 체크하는 과정이 좋았다. 마지노선이 보였다.

부모님 간에도 의견이 달랐다. 미리 조율하지 않았으면 과정 중에 며느리에게 직접 표현했을지도 모른다. 나는 그게 싫었다. 상대 집이 어떻게 생각하는지 전달하지 않는 게 좋다. 의중을 근거로 '서로 어디까지 준비할 것이고 어디까지 오갔으면 좋겠고'를 정했다. 마지노선만 빠짐없이 체크했다. 양가 부모님 모두 특이한 방식이라 생각하셨지만 까다로운 이야기를 사돈 간 직접 할 필요가 없어 좋아하셨다. 체크리스트는 사진으로 찍어 가족 채팅방에 올렸다. '나중에 절대 번복하시면 안 된다'는 톡과 함께. 번복은 재앙이다. 핵 버튼이다. 양가 간 신뢰에 금이 갈 일은 사전에 없애는 게 좋다. 마지노선보다 다른 집안이 더 해주는 그림만 그려내면 된다. 양가 부모님 체크리스트로 대조해보고 과한 부분이 있으면 계속 이야기를 진행하여 미리 깎았다.

이상은 사위가 쓴 글이다. 참 현명한 행동이란 생각이다. 불편할 수 있는 돈 문제, 혼수 문제 등을 중간에서 잘 조율하고 처리한 덕분에 사돈과 사이가 좋다. 제법 괜찮은 아들을 뒀지만 늘 며느리 편에 서서 며느리를 사랑하는 게 감사하다. 경영도 총론보다 각론이 중요하다. 무얼 하겠다는 것 이상 그걸 어떤 프로세스로 하느냐가 결정적이다.

결혼도 비슷한 것 같다. 둘이 사랑하고 두 집안이 잘해보자는 이상으로 결혼 준비 과정 안에서 프로세스를 잘 다뤄야 한다. 이 글이 거기에 대한 팁을 줄 수 있을 것 같다.

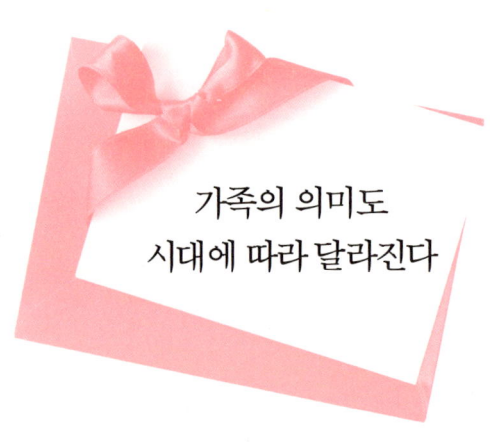

가족의 의미도
시대에 따라 달라진다

 결혼하면서 가장 크게 달라지는 건 무엇일까? 가족 숫자가 급격히 늘어나는 것이다. 40년 전 결혼식 때 처가 친척이 그렇게 많다는 사실을 처음 알았다. 대구에서 버스가 두 대 이상 온 것 같다. 정말 가족만으로도 결혼식장이 꽉 찬 느낌이었다. 식당에서도 일손이 많아 음식을 수발하는 데 아무 어려움이 없었다. 단출한 우리 집과는 대조적이었다. 그래서 식이 끝난 후 어머님이 그걸 부러워하셨다. 나 또한 그러했다. 하지만 그게 꼭 좋은 일만은 아니란 사실을 나중에 깨닫게 됐다. 특히 큰 처남이 딱했다. 몸은 서울에 있지만 늘 가정 대소사로 챙겨야 할 게 많았다.

　서울내기인 난 시제라는 걸 난생처음 듣고 보았다. 모든 조상을 한꺼번에 제사 지내는 문중 행사인데 거기 참석하는 건 의무에 가까워 보였다. 장인 어르신이 돌아가시고 대구 근처에 모셨는데 벌초 등의 문제로 더 일이 많아졌다. 서울 근교에 모시면 될 걸 친척들의 강요로 고향 시골에 모셨다. 그러다 보니 챙겨야 할 게 더 늘었다. 벌초 갈 시간이 없어 돈만 보내면 고향에 사는 형님들이 돈만 보내면 다냐는 식으로 압박을 했고 이러저러한 일로 스트레스를 많이 받는 것 같았다. 친척들이 많고 친척들끼리 왕래가 잦으니 가족 행사를 하다 날이 샐 지경이었다. 특히 제사가 너무 많아 정말 죽은 사람 챙기려다 산 사람이 죽을 지경이었다.

　반면 엘지전자 사장 출신인 내 친구 이우종의 경쟁력은 가족이 적은 것이다. 집안의 오버헤드가 적어서 일에 몰입할 수 있었다고 고백한다. 그가 쓴 글의 일부를 정리하면 다음과 같다.

'나는 전형적인 피난민 후손이다. 아버님은 6·25 전쟁 시 평양에서 피난 온 분이시다. 어머님은 서울 분이셨지만 두 분 모두 평안북도 출신이라 할 수 있다. 게다가 내 처도 개성 출신 피난민 후손이다. 피난민이다 보니 자연히 남한에는 친인척이 많지 않다. 함께 피난 온 형제자매들도 상당수가 이민을 선택했다. 아버님은 7남매의 장남인데 4명이 이민 갔고 처가는 내 처를 제외한 6남매 모두 이민 갔다. 게다가 우리 집과 처가 모두 기독교인이다. 제사 같은 대소사가 없어 집안의 오버헤드가 현저히 낮은 구조였다. 이게 내게는 엄청난 경쟁력이었다. 몇 안 되는 가족이 모인 신정 인사를 마치면 1월 2일부터 바로 일에 매진할 수 있었다. 이러한 소중한 노하우(?)를 자손에게도 물려주려 한다. 가능하면 집안 대소사로 그들의 경쟁력을 발목 잡는 일은 없도록 배려하려고 한다.'

가족이란 무엇일까? 결혼이란 무엇일까? 가족이 늘 좋기만 한 것일까? 결혼은 둘만의 결합이지만 사실 가족 간 결합이고 그로 인해 갑자기 챙겨야 할 사람, 신경써야 할 사람이 더블로 늘어나는데 이게 보통 일이 아니다. 돈도 돈이지만 시간상으로 보통 일이 아니다. 생일과 명절은 기본이고 그 외에 백일에 돌에 상갓집 등을 신경쓰다 보면 정말 해야 할 일보다는 하면 좋은 일을 하면서 시간을 쏠 수밖에 없다. 경영 용어로 오버헤드가 늘어나게 된다. 적자기업의 특징은 오버헤드 비중이 높은 거다. 그럼 이익을 내기 어렵다. 리소스는 제한적인데 오버헤드가 높으니 자기 본업에 집중하기 어려운 구조다. 가정도 비슷하다. 가정의 오버헤드가 높으면 집안일 하느라 본업을 게을리할 수밖에 없다.

현재 당신 가정은 어떠한가? 가정의 오버헤드가 높은 편인가? 그렇다면 이를 줄여야 하는데 철저히 부모의 역할이다. 집안일 때문에 자손의 발목을 잡지 말아야 한다. 가장 큰 건 부모들이 건강해야 한다. 그게 제일 우선이다. 부모가 아프거나 입원하면 그야말로 집안은 폭탄이 떨어진 것과 같다. 말로만 건강의 중요성을 강조하는 걸 넘어 공부하고 실천해야 한다. 다음은 경제적 독립이다. 다 잘

살 수는 없다. 하지만 예산 범위 내에서 사는 건 가능하다. 자신의 경제적 문제를 자식에게 넘기는 순간 두 가족 모두 못살게 될 가능성이 크다. 그걸 바라는 부모는 없을 것이다. 마지막은 쓸데없는 행사로 바쁜 그들을 구속하지 말아야 한다. 건강과 경제적 문제는 본인 뜻대로 안 되는 경우가 많지만 마지막은 부모가 결정하면 얼마든지 자식을 자유롭게 할 수 있다.

결혼한 딸과 사위를 위해 몇 가지 변화를 주었다. 일단 구정에서 신정으로 바꾸었다. 이중 과제를 없애는 게 목적이다. 신정 점심에 떡국 한 그릇 먹고 세배 주고받으면 그걸로 끝이다. 제사는 오래전에 없앴다. 어버이날 행사 같은 건 하지 말 것을 부탁했다. 노상 보고 밥 먹고 얼굴 보는데 이런 날을 또 만들어 부담을 줄 필요가 없다고 생각했기 때문이다. 무엇보다 내가 너무 바쁘다. 자식들이 너무 자주 오는 게 내게는 큰 부담이다. 시대가 바뀌고 사람이 바뀐다. 거기에 따라 가족의 의미도 달라져야 한다. 핵심은 따로 또 같이 지내는 것이다. 바쁜 세상에 따로따로 열심히 즐겁게 사는 것이다. 그러다 가끔 만나 뜨겁고 화목한 시간을 보내자는 것이다. 여러분 가정은 어떠한가?

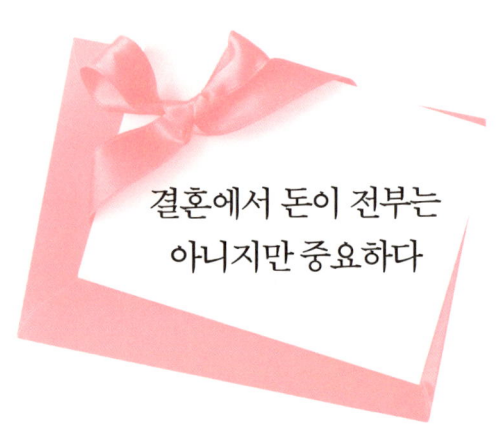

결혼에서 돈이 전부는 아니지만 중요하다

 결혼은 무엇일까? 왜 결혼하는 것일까? 결혼은 경제 공동체다. 혼자 사는 것보다는 둘이 사는 게 유리하기 때문에 하는 것이다. 결혼 이후에도 이 원칙은 달라지지 않는다. 경제적으로 잘살면 그 결혼은 탄탄해질 가능성이 커지고 경제적으로 어려우면 위기가 닥칠 것이다. 결혼하는 이유는 경제적 이유 때문이다. 듣기 거북한가? 경제 따위는 아무래도 좋으니 난 사랑하는 사람과 결혼하고 싶다고 생각하는가? 그럼 실제 경제와 상관없이 돈 한 푼 없는 백수와 결혼해서 살아보라. 그리고 얘기해보라.

"결혼을 통해 남녀는 식비나 주거비를 아끼는 규모의 경제를 실천할 수 있다. 무형의 정신적 포만감과 힘들 때 기댈 수 있는 보험 효과도 얻는다. 남녀는 이런 결혼의 효용이 비용보다 많이 들면 결혼을 선택하고 그렇지 않으면 결혼을 하지 않는다."

노벨경제학 수상자 게리 베커Gary Becker의 주장이다.

결혼 40년 차가 된 지금 난 그 사실을 절감한다. 경제력이 사라지면 문제가 생길 수 있다는 사실을 가끔 깨닫는다. 난 60대 중반이 넘었지만 아직은 현직이다. 경제 활동을 하고 있다. 그래도 젊은 시절보다는 여유가 있어 틈틈이 집에서 쉰다. 며칠 전 오전 일정이 없어 결혼한 딸과 아내와 함께 점심을 먹고 소파에서 뒹굴며 노는데 딸이 한마디 한다.

"엄마, 아빠 정말 백수 같다. 돈 잘 버는 백수? 아빠가 일도 안 하면서 저렇게 종일 집 안에 있으면 정말 답답할 것 같지?"

나도 웃고 아내도 웃었다. 정말 그럴 것 같았다. 다 큰 어른이 거실 중앙에 앉아 종일 놀면 나머지 가족들은 숨이 막히고 힘들 것이다. 내가 아직 집에서 대접받는 이유 중 하나는 바로 돈벌이를 하기 때문이다. 돈벌이를 하지 못해도 살아야 주겠지만 존중심은 덜할 것이란 건 확실하다.

요즘 사람들이 결혼하지 않는 이유도 바로 경제적 이유 때문이다. 경제력이 생긴 여성이 굳이 결혼할 이유가 없다. 가족의 범위를 넓히기 위해 결혼하는 것도 아니고, 애를 낳기 위해 결혼하는 것도 아니다. 물론 돈이 없어도 결혼은 할 수 있다. 하지만 돈이 없으면 결혼할 엄두를 내지 못한다. 혼자 먹고살기도 빠듯한데 무슨 결혼이냐고 생각하게 된다. 남자나 여자나 결혼의 전제 조건은 경제력이다. 부모가 돈이 있거나 본인이 능력이 있어야 한다. 남자들도 외벌이를 싫어하고 돈 버는 여자를 원한다. 직장이 없으면 맞선 자체가 불가능하다. 이 모든 것이 결혼은 경제 공동체란 사실을 증명한다.

결혼이 경제 공동체라는 게 돈이 전부라는 걸 주장하는 건 아니다. 돈이 없어도 얼마든지 결혼할 수 있고 돈이 없어도 행복할 수 있다. 돈만 있다고 결혼할 수 있는 것도 아니다. 다만 돈이 중요한 요소라는 사실은 확실하다.

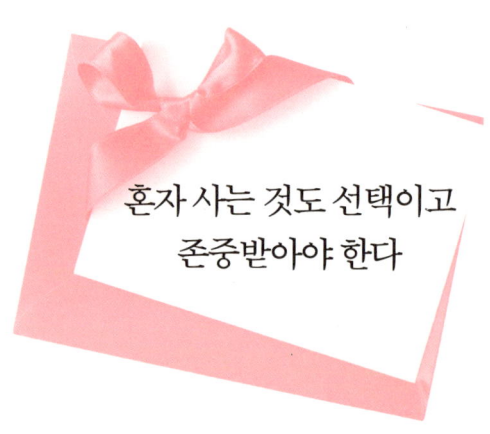

혼자 사는 것도 선택이고 존중받아야 한다

혼자 사는 사람이 많다. 많아도 너무 많다. 싱글에는 두 종류가 있다. 하나는 어머니나 장모님처럼 남편이 세상을 떠난 후 혼자 사는 사람이다. 또 다른 하나는 나이가 들었지만 결혼 대신 혼자 독립해 사는 것을 택한 싱글이다. 돌아온 싱글인 돌싱도 여기에 속한다. 요즘은 싱글이 너무 많아 함부로 말하기가 조심스럽다. 당연히 결혼했을 걸로 생각해 배우자와 아이 얘기를 물어보면 안 된다. 근데 왜 이렇게 싱글이 많은 것일까? 거기 관련한 몇 가지 주장을 들어보자.

첫째, 결혼에 대한 제약이 사라졌기 때문이란 주장이다. 『고민하는 힘』의 저자 강상중의 주장이다. 결혼에 대한 제약이 사라지면서 역설적으로 결혼이 힘들어졌다는 것인데 대충 이런 내용이다. "연애하고 싶은데 만날 기회가 없다. 마음에 드는 사람이 없다."라고 하소연한다. 이상하다. 왜 갑자기 마음에 드는 사람의 숫자가 줄어들었을까?

"자유가 사랑을 황폐하게 만든다. 예전에는 결혼과 연애가 자유롭지 못했다. 전통, 집안, 격식, 신분, 처지 등 다양한 제약 속에서 자연스럽게 반려자가 결정되었다. 상대를 자유롭게 선택할 수 있는 상황이 아니었다. 그러나 제약이 있었기 때문에 그것이 사랑인지 아닌지 깨닫기 쉬웠다. 예를 들어 자기의지와 반대되는 반려자를 무리하게 맞이하게 되면 거꾸로 정말로 자기가 끌리는 상대가 어떤 사람인지 알 수 있다. 자유가 주어지면 사람들은 판단 기준을 잃고 어쩔 줄 몰라 한다. 자유는 이처럼 곤란함을 동반한다. 사랑하는 자유를 얻게 되면서 사랑으로부터 점점 멀어지는 아이러니가 존재한다. 부자유스럽기 때문에 잘

볼 수 있는 것이 있다. 자유로워지면 잘 보이지 않는 것이 있다. 연애에만 해당하는 것이 아니다. 이것이 자유의 역설이다."

사람 만나기가 힘든 것은 선택의 폭이 넓어졌기 때문이다. 신분과 전통이 사라진 지금 우리는 누구와도 결혼할 수 있다. 누구와도 결혼할 수 있다는 것은 누구와도 결혼하기 힘들다는 것을 의미한다. 그러다 보니 나름 선택의 기준을 만든다. 구체적인 조건을 달아서 제거하는 방식이다. 예전에는 3고가 기준이었다. 고수입, 고학력, 큰 키. 지금은 거기에 더해 직업, 나이, 생김새, 사는 곳, 가족 구성원도 포함된다. 모든 사람의 기준이 비슷비슷하다. 하지만 그런 스펙을 만족하는 공급 물량은 제한적이다.

둘째, 내가 생각하는 결혼의 가장 큰 장애는 경제적 문제다. 사회 전체적으로 돈 문제가 가장 크다. 집값도 비싸고 생활비도 많이 들어 혼자 살기도 벅차 감히 결혼은 엄두를 못 내는 것이다. 경제적 문제를 해결할 수 있다면 결혼하겠다는 사람도 늘어날 것이다. 또 다른 하나는 돈이 있기 때문에 오히려 결혼의 필요성을 못 느끼는 부류다. 여성 중에 이런 사람이 제법 있다. 돈이 많아 혼자서 충분히 살 수 있는데 굳이 결혼할 필요성을 느끼지 못하는 것이다. 전문직 남성 중에도 이런 종류의 싱글이 많다. 경제적으로 풍요롭고 지금의 삶이 자유롭고 좋은데 굳이 결혼해서 구속당할 이유가 없다고 생각하는 것이다.

셋째, 매칭의 문제다. 수요와 공급 간 불균형이 존재한다. 남녀 숫자가 맞지 않는 게 아니라 괜찮은 여성에 비해 괜찮은 남성 숫자가 절대적으로 적은 것이다. 실제 주변을 보면 그런 것 같다. 괜찮은 적령기 여성은 차고도 넘친다. 인물도 좋고 직업도 괜찮고 성격도 좋은 여성이 너무 많다. 거기에 비해 괜찮은 남성 숫자는 상대적으로 적다. 왜 그럴까? 시대 변화와 여성들의 특성 때문이다. 사회가 평등해지면서 여성들이 교육을 받을 기회가 많아졌고 사회적 지위가 올라갔다. 괜찮은 여성 숫자가 대폭 늘어난 것이다. 또 여성은 태생적으로 자신보다 나은 남성을 찾는다. 거기에 비해 괜찮은 남성의 숫자는 늘지 않았다. 수

요와 공급이 맞지 않는다. 남성의 특성도 한몫한다. 남성은 자신보다 못한 여성을 찾는다. A급 남자는 B급 여성을 선호한다. 자기보다 똑똑한 여자를 부담스러워한다. 그래서 A급 여자의 결혼 대상은 적어진다. 남자는 자기보다 못한 여자를 찾고, 여자는 자기보다 괜찮은 남자를 찾는다. 결과는 어떨까? A급 여성과 C급 남성은 결혼 상대를 찾기가 어렵다.

그렇다면 이 문제를 어떻게 해야 할까? 싱글이 많은 게 문제일까? 난 문제가 아니라 현상으로 본다. 사회의 변화, 여성의 지위 향상, 결혼제도에 대한 불만 등이 결혼 거부 혹은 결혼 파업 등으로 나타난 것이다. 그리고 혼자 사는 것을 문제라고 생각하지 않는다. 그건 선택이다. 결혼 대신 혼자 사는 것을 선택한 것뿐이다. 그럼 인구가 줄어드는데 어떻게 하느냐고? 난 거꾸로 묻는다. 그럼 인구를 늘리기 위해 하기 싫은 결혼을 하는 게 옳을까? 난 싱글이 느는 걸 문제로 보는 대신 하나의 선택으로 존중하고 그들이 혼자 사는 데 아무 불편이 없도록 각종 제도와 편견을 없애는 것이 국가의 역할이라고 생각한다. 결혼도 선택, 애를 낳는 것도 선택, 결혼 대신 혼자 사는 것도 선택이다. 모두 존중해야 한다. 여러분 생각은 어떠한가?

4장

왜 누구는 행복하고 누구는 불행한가

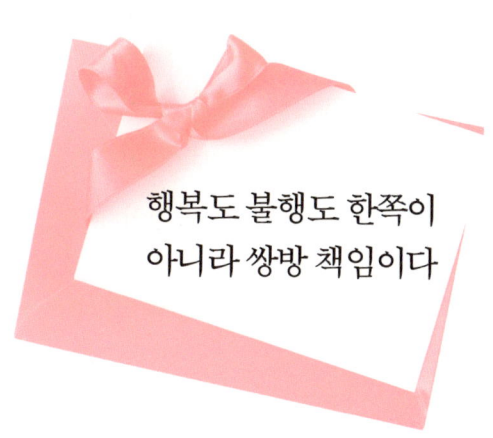

행복도 불행도 한쪽이 아니라 쌍방 책임이다

"나는 이혼에 관한 기사를 읽을 때면 그 두 사람이 왜 조화롭게 살지 못하는지 이해가 안 된다. 하지만 두 사람을 직접 보게 되면 그들이 어떻게 함께 살 수 있는지 이해가 안 된다."

미국 칼럼니스트 프랭클린 애덤스Franklin Pierce Adams가 한 말이다. 아는 분은 남편의 술 문제에 지나치게 까다롭게 굴었다. 모임에서 남편이 술에 입이라도 대면 난리를 쳤다. 모두 그분을 비난했다. 하지만 알고 보니 남편은 주사가 심했고, 한번 술을 마시면 며칠간 술만 마시는 알코올 중독자였다. 알코올 중독자와 사는 가족의 고통은 당해보지 않은 사람은 모른다. 정말 한쪽 얘기만 듣고 무언가 판단하는 것은 위험하다. 특히 부부간 일은 그렇다. 그래서 부부간 일은 아무도 모른다고 하는 것이다.

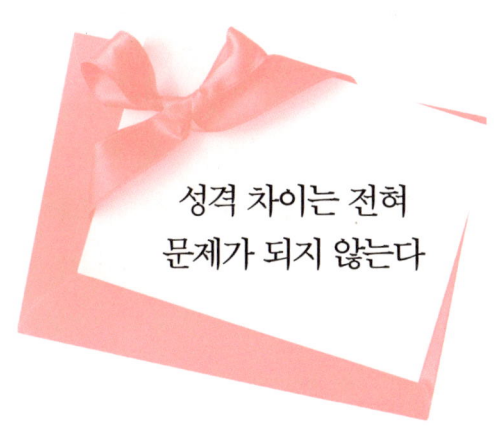

성격 차이는 전혀 문제가 되지 않는다

"화장실 갈 때 마음과 갔다 온 후 마음이 다르다."라는 속담이 있다. 내 것이 되기 전과 내 것이 된 후, 욕구를 해소하기 전과 욕구를 해소한 후 달라지는 건 사실 비난할 일은 아니다. 인간은 그렇게 생긴 존재이기 때문이다. 결혼이 바로 그렇다. 결혼 전과 후가 달라진다. 근데 누구도 미리 짐작하기는 어렵다. 또 달라지는 건 당연한 일이기도 하다. 결혼한 후 달라지지 않으면 그게 더 이상할 수 있다.

그와 관련한 유머가 지천이다. 몇 가지만 들어보자. 결혼 전 여자 친구가 노래한 후 99점이 나오자 남자가 이렇게 말한다. "자기는 정말 못 하는 게 없어." 근데 결혼 후에는 얘기가 다르다. "당신, 집에서 일 안 하고 맨날 노래만 하는 거야?" 결혼 전 여자 친구가 묻는다. "자기야, 나 살쪄 보여?" 남자는 질색을 하면서 "전혀 아니야. 지금이 딱 좋아. 그걸 말이라고 해?" 결혼 후에는 거침없이 얘기한다. "당신 돼지야." 연애할 때는 안 보면 죽을 것 같았는데 결혼 후에는 보면 죽을 것 같다는 말도 한다. 왜 그럴까? 내가 변한 것일까, 아니면 상대가 변한 것일까?

그러면서 둘 사이에 갈등이 생긴다. 성격 차이 때문에 사느니 못 사느니 하고 이혼까지 가는 때도 있다. 성격이 맞지 않아서 궁합이 좋지 않아서 그렇다고 하는데 과연 궁합이란 무엇일까? 둘 사이의 성격이 같은 게 좋은 궁합일까? 아니면 다른 게 좋은 궁합일까? 결론부터 얘기하면 둘이 다른 게 좋은 궁합이다. 둘이 달라야 시너지가 난다. 이와 관련해 내가 존경하는 피터 드러커 얘기를 들어보자.

"성격 차이는 불행의 씨앗인가? 그렇지 않다. 통상 행복한 결혼에는 파트너의 성격과 기질이 잘 맞아야 한다고 생각하지만 나는 근거가 없다고 생각한다. 실제 내가 알고 있는 행복한 부부 대부분은 아주 다른 성격과 기질을 가졌다. 우리 부부도 그렇다. 도리스와 나는 성격이나 기질이 이렇게 다를 수 있을까 생각될 정도로 다르다. 나는 늘 말을 하고 도리스는 잘 듣는 편이다. 나는 가르치는 것을 좋아하고 도리스는 싫어한다. 도리스는 친구를 잘 만들고 줄곧 친구로 지내는 천부적 재능이 있다."

고려대 교수를 지낸 김인수 교수는 부부의 성격이 다른 걸로 유명하다. 그의 책에 나온 얘기를 조금 인용한다.

'첫째, 나는 정리 정돈을 지나칠 정도로 잘한다. 가위는 오른쪽 서랍 앞쪽에, 실과 바늘은 왼쪽 서랍 뒤쪽에 있다. 빈틈이 없다. 아내는 그냥 뭐든지 놓으면 그만이다. 옷도 그냥 훌렁 벗어 던져버리고 나중에 찾느라고 소동을 피운다. 무엇이든 있는 대로 흩어놓고 산다. 정리 정돈이 철저한 나는 이런 혼란 속에서는 도저히 살 수가 없었다. 둘째, 난 남녀유별하고 예의범절을 철저하게 따지는 경상도 가정에서 자랐다. 남자들은 밥상에 둘러앉아 좋은 반찬을 먹고 여자들은 부엌에서 먹는 걸 보통으로 생각하는 분위기에서 자랐다. 아내는 남녀 차별 없는 자유분방한 분위기에서 자랐다. 내 눈에 아내는 버릇없는 사람 같아 보였고 아내가 보기에 난 지나치게 경직된 사람 같아 보였다. 셋째, 나는 음식이 물컹물컹해야 맛이 있는데 아내는 딱딱해야 한다. 넷째, 난 일에 몰두하는 성격이다. 종일 일에 몰두하며 집중적으로 공부하고 논문을 쓴다. 아내는 사람을 좋아한다. 사람만 만나면 얼마나 신나 하는지 모른다. 다섯째, 난 아무리 사회생활이 바빠도 빨리 집으로 돌아오고 싶어하고 집에만 오면 평안을 느끼고 힘이 솟는다. 가정에서 아버지의 역할을 하기 위해서도 그래야 한다고 생각한다. 가능한 저녁 약속은 최소화하려고 한다. 말띠인 아내는 집에 붙어 있는 날이 거의 없다. 혹 집에 일찍 돌아오는 날이면 어디 나갈 생각부터 먼저 한다. 근데 결론은 이런 궁합이 좋다는 것이다. 외향적인 아내와 내성적인 내가 만나 시너지가 난다는 것이다.'

나 역시 아내와 다르다. 달라도 너무 다르다. 아내 표현으로 난 저지레꾼이다. 어지르고 망가뜨린다는 말이다. 아내는 정리 정돈의 달인이다. 난 어떻게 저렇게까지 정리하면서 살 수 있을까 생각한다. 돈도 세종대왕이 같은 면이 되게끔 다시 정리한다. 어차피 쓸 돈인데 그렇게 하는 아내를 난 이해할 수 없다. 난 말이 많고 아내는 말이 적다. 난 급하고 아내는 침착하다. 처음에는 이 문제로 자주 다투었지만 어느 순간 서로 조금씩 닮아가고 이해하면서 별문제가 되지 않는다. 아내 입장에서 받아들이는 측면도 많다. '저 사람은 태생적으로 정리 정돈이 안 되니까 잔소리보다는 내가 뒤치다꺼리를 해주자.'라는 쪽으로 결정한 것 같다.

궁합의 합合은 다른 걸 전제로 한다. 성격이 같다는 건 둘 다 오목하거나 볼록하다는 것이고 그럼 합이 될 수 없다. 합은 오목과 볼록처럼 달라야 할 수 있다. 합창과 제창의 차이와 같다. 모두 똑같은 음으로 노래를 하는 제창보다는 소프라노, 알토, 테너가 있는 합창이 듣기 좋은 것과 같다. 칼럼니스트 조용헌은 나이에 따른 궁합이 달라진다고 주장한다. 젊어서 궁합은 속궁합이고 중년의 궁합은 돈 궁합이고 말년의 궁합은 대화라는 것이다. 중년에는 돈이 있어야 하고 말년에는 부부 사이에 얘기를 잘 주고받을 수 있어야 한다는 것이다. 현재 여러분 부부의 궁합은 어떠한가? 잘 맞는 천생연분인가? 아니면 달라도 너무 다른가? 궁합에 대한 여러분의 생각이 궁금하다.

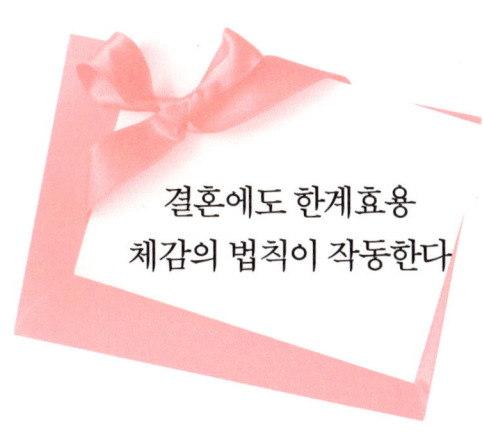

결혼에도 한계효용 체감의 법칙이 작동한다

"결혼이란 맥주를 마시고 맛있다고 탄복한 사람이 그 맥주를 제조하는 양조장에 취직하러 가는 것과 같다." 비슷한 속담으로 "결혼은 연애의 무덤이다."가 있다. 맥주가 좋으면 맥주 공장에 갈 수 있다. 한동안 신난다. 문제는 절제하지 않고 무턱대고 마시다 보면 싫증이 난다는 얘기다.

한계효용 체감의 법칙이 작동하는 것이다. 한계효용 체감의 법칙은 『국어사전』에 따르면 일정한 기간 소비되는 재화의 수량이 증가할수록 그 추가분에서 얻는 한계효용은 점점 줄어든다는 것이다.

결혼도 마찬가지다. 계속 보고 매일 생활하다 보면 보지 말아야 할 것, 보고 싶지 않은 것을 보면서 지겨워지는 것이다. 하지만 거리를 두고 존중하고 지킬 것은 지키고 하다 보면 의외로 새로운 맛이 나는 것이 결혼이다.

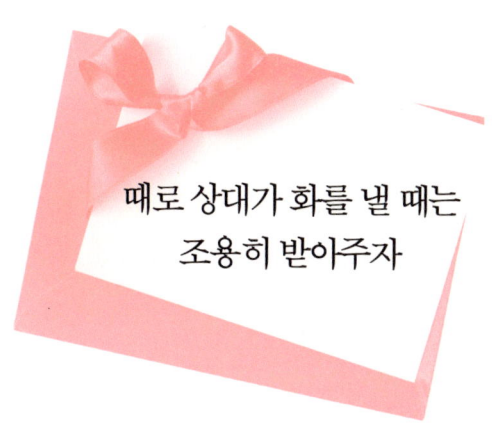

때로 상대가 화를 낼 때는 조용히 받아주자

사주팔자 때문에 이혼했다는 사람을 만난 적이 있다. 무슨 말이냐고 묻자 이렇게 답했다. "아내 사주는 흙이고 제 사주는 물이거든요. 우리가 만나면 진흙탕이 될 수밖에 없습니다."

웃자고 한 얘기다. 당신의 부부 관계는 어떠신지? 좋은 남편, 좋은 아내로 살고 계신지?

나이가 들수록 남자에게 아내의 존재는 소중해진다. 반대로 아내에게 남편의 존재란 어떨까? 남편이 아내를 필요로 하는 만큼 아내도 남편을 필요로 할까? 만약 나이 들어서도 아내가 남편을 꼭 필요로 한다면 그 남자의 인생은 성공이다. 나는 아내에게 어떤 존재일까?

나이가 젊어서는 아내와 싸우고 경쟁할 수 있다. 화면 조정 시간이고 맞춰가는 과정이기 때문이다. 근데 나이가 들면 바뀌어야 한다. 나이 든 노인이 아내 말을 안 듣고 빠득빠득 자기 고집을 피우는 건 보기 민망하다. 난 그런 사람을 볼 때마다 이런 생각이 든다. 저렇게 아내와의 전쟁에서 이기면 어떤 이익이 있을까? 국가에서 포상이라도 해주나? 아니면 "아내와 싸우느라 애 많이 쓰셨습니다. 앞으로도 계속 아내와의 전쟁에서 이기길 바랍니다."라는 칭찬을 받을까? 난 차라리 그 힘을 아껴 밖에서 일하고 한 푼이라도 돈을 벌어 아내에게 주는 게 낫지 않을까 생각한다. 안에서는 힘을 빼고 밖에서는 힘을 쓰라고 조언하고 싶다.

난 태생적으로 싸우는 걸 싫어해 신혼 때도 거의 싸운 적이 없다. 지난 40여 년간 한 번도 다투지 않았다. 일단 게임이 되지 않는다. 아내는 나에 대한 거의 모든 데이터를 갖고 있는데 난 아무것도 기억하지 못한다. 싸움이란 데이터가 있어야 가능한데 아내는 내 상대가 아니다. 넘사벽이다. 그래서 투쟁 대신 복종의 전략을 택했다. 일명 복종 전략surrender strategy이다. 항상 한용운의 「복종」이란 시를 상기한다. 대강 이런 내용이다. '남들은 자유를 사랑한다지마는 나는 복종을 좋아하여요. 자유를 모르는 것은 아니지만 당신에게는 복종만 하고 싶어요. 복종하고 싶은데 복종하는 것은 아름다운 자유보다 달콤합니다. 그것이 나의 행복입니다. 그러나 당신이 나더러 다른 사람을 복종하라면, 그것만은 복종할 수가 없습니다. 다른 사람을 복종하려면 당신에게 복종할 수가 없는 까닭입니다.' 뭔가를 좋아한다는 것은 나도 그렇게 생각하기 때문이다. 내가 이 시를 좋아하는 이유는 님에게 아내를 대입하면 그대로 적용이 되기 때문이다.

나는 자유로운 독거노인보다는 아내에게 잔소리를 듣는 남편으로 남고 싶다. 아내의 지시를 거역하다 쫓겨나는 중년 남성보다는 복종하면서 사랑받는 남자가 되고 싶다. 아내의 잔소리와 지시가 내게는 사랑의 고백으로 들린다. 난 늘 아내에게 복종한다고 생각하는데 아내는 그렇게 생각하는 것 같지 않다. 가정에서 내 처신술의 핵심은 의견이 없는 것이다. 의견이 없는 건 아니지만 굳이 내 의견을 표현하지는 말자는 것이다. 대세에 지장이 없으면 아내 말을 따르자는 것이다. 그런 처세를 한 지 10년이 넘어가는데 제법 괜찮은 전략이다. 우선 편하다. 마찰이 없다. 별다른 노력이 필요 없다. 그저 아내가 하자는 대로 하면 된다. 근데 이런 말을 했다는 사실이 아내 귀에는 안 들어갔으면 하는 바람이다.

무라카미 하루키도 비슷한 전략을 가진 것 같다. 그는 그림 에세이 『샐러드를 좋아하는 사자』에서 이렇게 말했다. "여성은 화내고 싶은 건이 있어 화내는 것이 아니라 화내고 싶을 때가 있어 화내는 것이다. 상대가 화를 내면 방어는 단단히 하되 얌전히 샌드백이 되는 수밖에 없다. 자연재해에 정면으로 맞서봐야 어차피 이길 승산이 없기 때문이다. 현명한 뱃사공처럼 그저 목을 움츠리고 뭔가

다른 생각을 하며 무지막지한 태풍이 지나가기를 기다린다." 참 현명한 사람이다.

여러분은 아내를 어떻게 대하고 있는가?

5장

부부간에도 일정한 거리가 필요하다

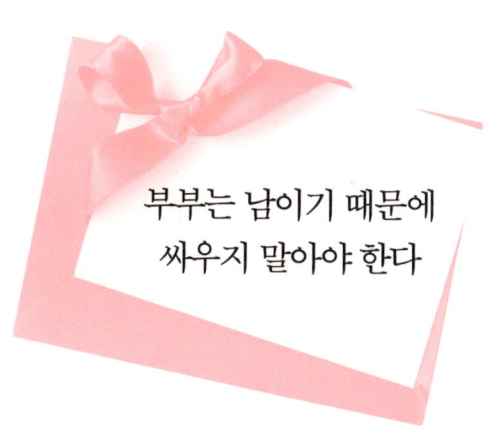

부부는 남이기 때문에 싸우지 말아야 한다

삶에서 가장 중요한 것은 무엇일까? 돈? 명예? 건강? 아니다. 바로 관계다. 사람 간 관계가 삶에 결정적 영향을 미친다. 75년간 하버드대학교에서 연구한 결과이다. 행복하기 위해서는 관계가 풍부하고 관계의 질이 좋아야 한다. 맞는 말이다. 부부 관계가 좋으면 이승에서 천국을 경험할 수 있고 반대로 부부 관계가 나쁘면 사는 것 자체가 지옥이다.

부부 관계에 관한 오해가 있다. 부부는 일심동체—心同體란 말이다. 말도 안 된다. 모르는 남자와 여자가 만나서 결혼식을 올린다고 일심동체가 되는가? 불가능하다. 잘못된 기대다. 부부는 철저하게 다른 사람이다. 몸도 마음도 따로 놀 수밖에 없다. 그걸 인정해야 한다. "부부 싸움은 칼로 물 베기다."란 속담 역시 무리한 말이다. 현실적이지 않고 희망 사항을 얘기한 속담이다. 싸우면서 정든다고 하는데 그게 진실일까? 난 동의하지 않는다. 싸우면 정이 드는 대신 상처만 남는다. 부부는 남이기 때문에 가능하면 싸우지 말아야 한다. 부부 관계는 가장 쉬운 것 같지만 가장 어렵다. 내가 생각하는 부부 관계는 이렇다.

첫째, 내가 좋은 사람이 되어야 한다. 유유상종(類類相從)이란 말이 있다. 끼리끼리 논다는 말이다. 부부도 그렇다. 비슷한 사람끼리 끌리고 만나고 사랑하게 되어 있다. 제일 어리석은 부부는 "내가 저 인간 만나 이렇게 되었다."라고 불평하는 사람들이다. 내 주변에 그런 사람이 수십 명 있다. 자신은 퍼스트레이디를 해도 잘할 사람인데 저 인간 만나 망가졌다고 한다. 내가 볼 때 그 사람은 절대 퍼스트레이디를 하면 안 될 사람이다. 한 남자를 망가뜨리면 됐지 나라까지 망가뜨리게 둘 수는 없다. 좋은 사람의 반대는 나쁜 사람이다. '나쁜' 사람이란 '나뿐'인 사람을 뜻한다. 나밖에 모르는 사람이 나쁜 사람이다. 오냐오냐하면서 자란 사람, 공주병과 왕자병에 걸린 사람, 세상은 모두 자기를 위해 존재해야 한다고 생각하는 사람이다. 그런 사람이 결혼하면 문제를 일으킨다. 혼자 살 때는 문제가 드러나지 않지만 낯선 사람과 만나면서 문제가 드러나는 것이다.

둘째, 상대를 있는 그대로 인정하는 것이다. 세상의 모든 비극은 자신이 아니라 남을 바꾸려는 데서 시작된다. 혹시 배우자를 변화시키는 데 성공한 사람이 있는가? 10년간 잔소리를 했더니 확 사람이 바뀐 그런 경험이 있는가? 불가능하다. 사람을 바꾸기는 쉽지 않다. 상대를 무리하게 바꾸려 하면 부부 사이에 금이 간다. 난 "열 번 찍어 안 넘어가는 나무는 없다." "불가능은 없다." 같은 속담을 좋아하지 않는다. 폭력적이라고 생각한다. 안 되는 건 안 된다. 나 자신도 바꾸기 어려운데 어떻게 배우자를 바꿀 수 있는가? 어떻게 그런 생각을 할 수 있는가? 그럴 시간이 있으면 당신 자신을 바꿔라. 난 태생적으로 뭔가를 잘 잃어버리고 흘리고 어지른다. 정리 정돈을 잘하지 못한다. 또 귀찮은 것을 못 참는다. 차 모는 걸 싫어하고 교통체증을 병적으로 싫어한다. 그리고 무엇보다 내 일에 쓸데없이 간섭받는 걸 싫어한다. 나 역시 남의 일에 간섭하지 않는다. 자식 일에도 마찬가지다. 내가 딸들과 사이좋은 이유 중 하나는 일찍 자기 때문이다. 그 때문에 잔소리하지 않는다. 가족들도 나를 있는 그대로 인정한다. 남을 바꾸려는 노력은 허무하다.

셋째, 나 자신과의 관계가 좋아야 한다. 사실 이게 가장 중요한 전제 조건이다. 스티븐 코비Stephen Covey 박사는 사람을 세 가지 단계로 구분했다. 의존적인 사람, 독립적인 사람, 상호 의존적인 사람이 그것이다. 의존적인 사람은 혼자 독립적으로 살지 못한다. 누군가에게 의존하고 치대고 늘 징징댄다. 이런 사람과 같이 있는 건 피곤한 일이다. 늘 그의 불평, 불만, 하소연을 끝없이 들어야 하기 때문이다. 한두 번은 들어줄 수 있다. 하지만 그는 그걸 업으로 한다. 징징대는 게 일상이다. 왜 그럴까? 그는 자신과 사이가 나쁜 사람들이다. '난 안 돼, 난 불필요한 사람이야, 난 뭘 해도 꼬여.' 이렇게 생각한다. 자신감이 없고 매사를 삐딱하게 본다.

다음은 독립적인 사람이다. 혼자 씩씩하게 잘사는 사람들이다. 신세를 지지도 받지도 않겠다고 생각한다. 의존하는 데서 한 걸음 나아갔지만 좋은 관계를 맺기에는 아직 부족하다. 부자 중 이런 사람이 제법 많다. 돈이 있는데 뭐 때문에 쓸데없이 사람들한테 치여서 사느냐고 생각한다. 나 혼자 잘 먹고 잘살다 가겠다고 생각한다. 자식도 필요 없고 친구도 필요 없다고 생각한다. 대인 관계의 필요성을 별로 느끼지 않는다.

마지막 단계가 상호 의존적인 사람이다. 내가 추구하는 목표다. 사랑과 물질을 주고받으면서 관계를 키워나가는 것이다. 관계의 폭은 물론 질까지 높아진다. 그런 관계에서 충만함을 느낀다.

부부 관계는 사람 숫자만큼 다양하다. 이미 이혼한 사람도 많고, 이혼을 앞둔 가정도 많고, 이혼은 안 하지만 무늬만 부부인 관계도 있고, 말을 섞지 않고 같은 집에서 사는 부부도 있다. 그 자체로 모두에게 고통이다. 중요한 사실은 부부 문제는 늘 쌍방과실이란 것이다. 한 사람만의 잘못인 경우는 거의 없다. 좋은 부부 관계를 유지하는 것은 돈을 버는 것보다 사법시험에 합격하는 것보다 어렵다. 하지만 일단 좋은 관계를 만들면 천국을 경험할 수 있다. 부부 사이가 좋은 가정은 그 자체로 천국이다.

여러분의 가정은 어떠한가? 여러분은 부부 관계에 대해 어떻게 생각하는가? 현재 어떤 문제가 있는가? 그 문제를 어떻게 해결하려고 하는가?

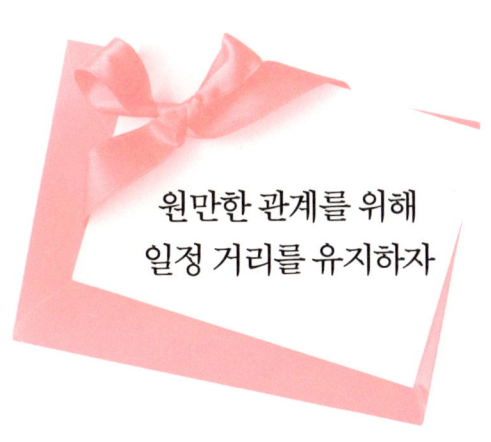

원만한 관계를 위해 일정 거리를 유지하자

"현명한 아내는 남편이 숨기고 싶어하는 사소한 일을 항상 모른 척한다. 이것이 결혼 생활의 예의이자 기본이다."

영국 작가 서머싯 몸 William Somerset Maugham이 한 말이다.

사랑은 고무줄과 같다. 한쪽이 당기면 다른 한쪽은 멀어지려고 한다. 상대에게 집착하고 구속하려 할수록 그 사람은 도망치려 한다. 결혼도 일종의 대인 관계다. 원만한 대인 관계를 위해서는 일정 거리를 유지해야 한다. 알 것은 알고 몰라도 될 것은 적당히 넘어가야 한다. 결혼을 단단히 유지하려면 단단한 고삐 대신 느슨한 고삐가 필요하다.

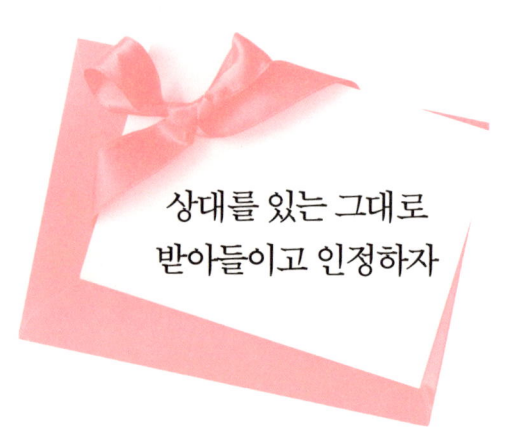

상대를 있는 그대로 받아들이고 인정하자

〈언터처블: 1%의 우정〉이란 프랑스 영화를 감명 깊게 봤다. 프랑스 최고 부자 필립과 최고로 가난한 세네갈 출신 드리스 사이의 우정을 그린 실화를 바탕으로 만든 영화다. 필립은 까다로운 성격의 소유자인데 패러글라이딩을 하다 하반신이 마비된다. 누군가의 도움이 없이는 움직일 수 없다. 드리스는 가난하지만 누군가에게 얽매이는 걸 싫어하는 자유로운 영혼이다. 드리스는 배운 것도 가진 것도 없지만 가식과는 거리가 멀다. 모든 걸 있는 그대로 받아들이는 사람이다. 장애인인 필립을 정상인처럼 대한다. 스포츠카에 그를 태우고 전속력으로 달리다 교통경찰에게 걸리는 것이 첫 장면이다. 필립은 입에 거품까지 물면서 위급한 것처럼 쇼를 해서 빠져나온 후 낄낄거리며 엄청나게 웃는다. 그뿐만이 아니다. 환자인 필립에게 담배를 권하고, 주변 반대를 무릅쓰고 여행을 가고 펜팔로만 사귀던 여자에게 연락해 둘이 만나게 한다. 한마디로 그는 하지 말라는 건 다 권하는 못 말리는 사람이다. 그래서 제목이 언터처블인 것 같다.

영화의 압권은 집에서 주기적으로 열리는 클래식 음악회 장면이다. 클래식 음악은 드리스에게 너무 지루한 음악이다. 그는 왜 그렇게 재미없는 음악을 앉아서 들어야 하는지 이해할 수 없다. 음악회가 끝난 후 이렇게 제안한다. "힘들게 지루한 음악을 들었으니 이제는 내가 좋아하는 음악을 들을 시간이다!" 그리고 자신이 좋아하는 댄스 음악을 크게 틀고 거기에 맞춰 신나게 춤을 춘다. 정말 멋진 장면이다. 난 그렇게 춤을 잘 추는 사람을 본 적이 없다. 못생겼던 그가 갑자기 멋지게 보였다. 그가 신명 나게 춤을 추자 다른 사람들도 덩달아 춤을 추면서 완전히 댄스파티가 된다.

까다로운 필립은 간병인 면접이 주요 업무였다. 드리스도 처음부터 마음에 들었던 건 아니다. 우여곡절이 많았다. 처음엔 당황했던 필립이 그런 과정을 겪으면서 드리스와 친해지는데 사실 쉽지 않은 일이다. 현실적이지 않은 둘의 관계가 진한 우정으로 발전한 이유는 무엇일까? 필립은 이렇게 설명한다. "그는 내게 새로운 의지와 진정한 자유를 주는 존재다. 나를 장애인으로 대하는 대신 온전한 인간으로 대했다. 담배를 피우게 하고, 귀를 만져 성적 욕구를 느끼게 하고, 펜팔로만 연애하는 여자를 직접 만나게 했다. 나를 있는 그대로 대했다." 이 영화를 보면서 난 큰 깨달음을 얻었다. 인간관계의 핵심은 상대를 있는 그대로 대하는 것이다. 있는 그대로의 그를 받아들이고 인정하는 것이다.

부부 관계는 어때야 할까? 정답이 있을 수는 없지만 확실한 한 가지는 있다. 바로 상대를 있는 그대로 대하라는 것이다. 근데 대부분은 상대를 있는 그대로 대하는 대신 자기 취향에 맞게 뜯어고치려 한다. 대부분 갈등은 거기서 일어난다. 난 그런 사람이 아닌데 배우자가 자꾸 내게 다른 사람이 되기를 원하는 것이다. 자식과의 관계도 그렇다. 자식과 좋은 관계 구축에 실패하면 인생이 힘들어진다. 근데 관계를 해치는 최선의 방법이 내 인생을 자식에게 강요하는 것이다. 음악을 좋아하는 자식의 취향을 무시하고 내가 원하는 서울대학교 법대를 가라고 강요하는 것이다. 내 주변에 그런 일로 자식과의 관계가 틀어진 수많은 사람이 존재한다.

부부는 남이 만나 한 가정을 이루는 것이다. 일순간의 사랑보다 인간과 인간이 만나 성숙할 수 있어야 한다. 그 핵심은 서로를 인간적으로 존중하는 것이다. 존중의 키워드가 바로 그 사람을 있는 그대로 인정하는 것이다. 근데 우리는 대부분 그렇지 않다. 있는 그대로의 그 사람 대신 그렇게 되었으면 하는 희망사항으로 대한다. 소심한 배우자에게 대범함을 강조한다. 월급쟁이 남편에게 좀 더 돈을 벌어오라고 한다. 식성이 까다로운 남편에게 옆집 남자처럼 무엇이든 잘 먹기를 바란다. 이는 마치 키 작은 남자에게 왜 키가 작은지 따지는 것과 같다. 폭력도 이런 폭력이 없다.

있는 그대로 그 사람을 본다는 건 쉽지 않다. 그건 아무나 할 수 있는 일이 아니다. 내 욕심이 개입되고 사심이 들어가기 십상이다. 이 글을 쓰면서 난 새로운 목표가 하나 생겼다. 사람을 가능한 있는 그대로 보는 것이다. 그렇게 됐다는 걸 어떻게 증명할 수 있을까? 상대 입에서 이런 말이 나오면 된다.

"당신은 저를 있는 그대로 보는 것 같아요. 아무것도 요구하지 않아요. 그래서 참 편안하고 좋아요."

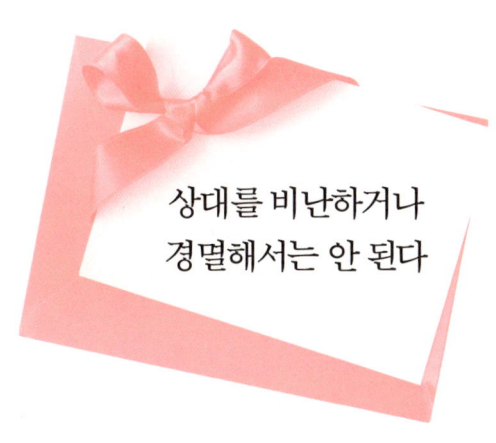

상대를 비난하거나 경멸해서는 안 된다

요즘 이혼은 너무 흔한 일상이다. 결혼만큼 이혼이 많다. 사람 숫자만큼 이혼하는 이유도 다양하다. 상대의 외도 때문에, 경제적 이유 때문에, 시어머니 혹은 장모 때문에, 술 때문에……. 결혼하는 것처럼 이혼하는 것이 큰 흉은 아니지만 아직 우리 사회는 이혼에 대해 부정적이다. 이혼한 사람을 하자가 있는 사람 취급하고 당사자 역시 솔직하게 얘기하는 걸 꺼린다.

난 이런 식의 선입견에는 반대한다. 그 사람이 처한 상황을 이해하지 못한 상태에서 상대를 함부로 판단하는 건 위험하다고 생각한다. 난 불행한 상태로 결혼 생활을 유지하는 것보다는 차라리 이혼해서 각자 행복을 찾아가는 것이 맞다고 생각한다. 이혼이 소송으로 이어지는 경우가 종종 있다. 이혼 관련해서는 두 가지 기준이 존재한다. 이혼에 책임 있는 사람은 이혼을 제기할 수 없다는 유책有責주의와 더 이상 결혼 생활 유지가 의미가 없으면 끝내라는 파탄破綻주의가 그것이다.

이혼離婚이란 무엇일까? 이혼은 헤어질 이離 플러스 혼인 혼婚이다. 글자 그대로 혼인을 끝내는 것이 이혼이다. 영어로 이혼은 디보스divorce다. 다양하다는 뜻의 디버스diverse와 같은 어원이다. 각자 떨어져 다른 삶을 살자는 의미 정도로 해석하면 좋을 듯싶다. 이혼은 왜 하는 것일까? 더 이상 같이 사는 게 행복하지 않기 때문이다. 같이 사는 것보다는 각자 따로 사는 게 낫다는 판단이 서기 때문이다.

그렇다면 이혼 전에는 어떤 질문을 던져야 할까? 이혼의 책임이 누구에게 있느냐 하는 것이다. 쌍방과실인 경우가 대부분이다. '과연 이혼하면 행복할 수 있을까?'라는 질문에도 답할 수 있어야 한다. 불행의 원인이 상대가 아니라 내게 있을 수 있기 때문이다. 그런 경우는 혼자 산다고, 재혼으로 선수를 교체한다고 그 문제가 해결되지 않는다.

왜 이혼을 하는 것일까? 이혼 관련해 가장 연구를 많이 한 사람은 워싱턴주립대학교의 존 가트맨John Gottman 박사다. 그는 결혼을 앞둔 연인의 대화를 3분간 분석해 4년 안에 깨질 가능성을 94%의 정확도로 예측한 연구결과를 발표했다. 무엇을 근거로 그런 예측을 했을까? 대화 내용, 말투, 표정 등을 살폈는데 가장 결정적 요소는 경멸과 냉소다. 표정이나 말투에 경멸과 냉소가 나타난 커플은 대부분 끝이 좋지 않았다.

또 35년간 3,000쌍 이상의 커플을 관찰해 이혼한 커플의 특징을 다음과 같이 얘기했다. 첫째는 비난이다. 말과 행동과 표정을 통해 상대를 끊임없이 비난했다. 비난은 자신이 바라는 바를 말하는 대신 상대의 인격과 성격에 문제가 있다고 말하는 방식이다. 둘째는 비난에 대한 조건반사적 행동이다. 방어하고 핑계 대며 책임을 회피했다. "당신은 뭘 잘했다고?" "난 잘못 없어." "너나 잘하세요." 같은 말이 대표적이다. 그러면서 점점 부부 갈등이 증폭된다. 셋째는 경멸이다. 상대를 무시하고 모욕하는 말과 행동이다. "주제파악이나 하시지." "꼴에 남자라고." "당신이 하는 일이 그렇지." 등등. 넷째는 담쌓기다. 앞의 비난, 조건반사, 경멸을 거쳐 마지막 단계에 이른 것이다. 말하기도 지치고 더 이상 어떻게 해볼 도리가 없으면 그때 담을 쌓는다. 상대를 투명인간 취급한다. 눈도 마주치지 않고 말도 안 한다. 상대에 관해 묻지도 답하지도 않는다. 각방을 쓰는 건 기본이고 밥도 따로 먹는다.

대부분 결혼은 여자보다 남자에게 유리하다. 나이가 들수록 남자가 더 배우자를 찾고 의지하게 된다. 내 경우도 점점 아내에게 의존하게 된다. 내 일 외에는 모든 걸 아내에게 의존한다. 나이가 들수록 남자는 점점 더 아내가 필요하고 아내는 점점 더 남편이 필요 없게 되는 것이다. 그래서 남자는 여자가 있어야 오래 살고 여자는 남자가 없어야 오래 산다는 말까지 나왔다. 인생에 정답은 없다. 정답을 강요하는 것도 내 취향은 아니다. 다들 알아서 판단하고 결정하고 살면 된다. 결혼도 그렇다. 결혼할 수도 있고 결혼하지 않을 수도 있다. 죽을 때까지 백년해로를 할 수도 있고, 이혼하고 혼자 살 수도 있고, 이혼 후 재혼할 수도 있다. 다 상황에 맞게 판단하면 된다.

근데 나처럼 나이가 들면 그런 옵션이 사라진다. 내게 남은 옵션은 현재의 결혼을 잘 유지하는 것이다. 자식과 손자들의 사랑을 받으면서 늙어가는 것이다. 이렇게 살다 아내 품에서 죽는 것이다. 근데 쉬운 일이 아니다. 이혼을 당하지 않으려면 내 존재의 이유를 만들어야 한다. 돈을 계속 벌든지, 음식을 잘하든지, 집안일을 잘하든지, 손주들을 잘 보살피든지, 여행안내를 잘하든지 등등. 당신은 현재 어떤 상태인가?

상대를 고객이라고 생각하고 친절하게 대하자

"결혼하기 전에는 두 눈을 크게 뜨고 결혼한 뒤에는 반쯤 감아라."

경영에서 가장 중요한 것은 좋은 사람을 채용하는 것이다. 결혼도 마찬가지다. 사람을 잘못 채용한 후 아무리 애를 써봐야 나아지지 않는다. 그렇기 때문에 결혼 전에는 두 눈을 크게 뜨고 좋은 사람을 찾아야 하고 결혼 후에는 너그럽게 있는 그대로 받아들여야 한다. 하지만 현실은 반대다. 두 눈이 멀어 결혼하고 결혼 후 제정신이 돌아와 꼼꼼히 상대를 살핀다.

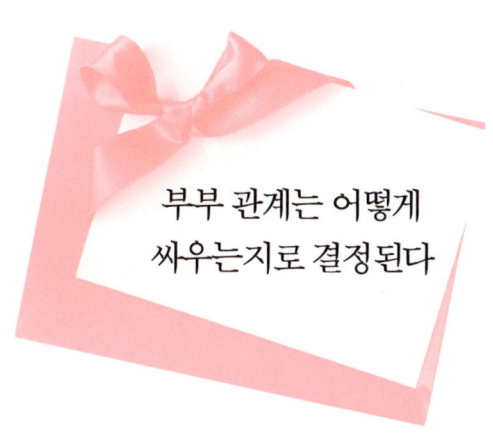

부부 관계는 어떻게 싸우는지로 결정된다

여러분의 가정은 어떠한가? 부부 관계는 원만한가? 배우자가 여러분에게 만족하고 있는가? 아니면 무늬만 부부인 채로 살고 있는 건 아닌가? 현재 우리나라는 경제협력개발기구OECD 국가 중 이혼율이 1위다. 부부 관계가 나쁜 집이 그만큼 많다는 얘기다. 이혼으로 엄청난 사회 비용을 치르고 있다.

존 가트맨은 36년 동안 3,000쌍을 조사해 행복한 부부와 불행한 부부의 차이를 연구했다. 둘의 차이가 뭘까? 성격 차이도, 경제력도 아니다. 싸움 방식의 차이다. 행복한 부부는 일상에서 긍정성을 자주 보인다. 대꾸를 잘하고 자주 고개를 끄덕인다. 서로를 바라보고 어깨에 손을 얹고 서로에게 관심을 보이고 호응한다. 불행한 부부는 상대 얘기에 별 반응이 없고 차가운 말을 주고받으면서 감정이 격해진다. 가트맨은 부부 관계를 셋으로 구분한다. 좋다, 끔찍하다, 중간에 위치하는 중립이 그것이다. '좋다'는 말 그대로 좋은 것이다. 끔찍한 상태는 돌이킬 수 없는 상태에 돌입했지만 어쩔 수 없이 사는 것이다. 무늬만 부부다. 중립은 그저 그런 관계, 뜨뜻미지근한 관계다. 아직은 견딜 만하지만 뭔가 일이 생기면 최악의 상태로 돌입할 수도 있다. 저자는 최악의 상태를 바퀴벌레 숙소로 묘사하면서 그 상태로 가는 5단계를 소개한다.

바퀴벌레 숙소로 가는 5단계

- 1단계는 미닫이문 앞이다. 한 사람이 사인을 보낼 때 상대의 반응이다. 반응에 따라 문이 열릴 수도, 닫힐 수도 있다.

• 2단계는 후회할 만한 사건의 발생이다. 소리를 지르거나 문을 쾅 닫고 나가는 것이다.

• 3단계는 자이가르닉 효과의 출현이다. 미완성 효과라고도 한다. 예를 들어 카페에서 웨이터가 길고 복잡한 주문을 기록도 하지 않고 정확하게 기억하는 요령 같은 것이다. 마무리되지 않은 일은 정신적 압박감을 느껴 잘 기억한다. 그리고 마무리된 일은 빠르게 잊는다. 주문한 음식을 식탁에 가져간 순간 잊는 것이다. 이런 사실을 발견하고 그런 현상에 자이가르닉이란 이름을 붙였다. 인간은 해결 과제는 잊고 미해결 과제는 오래 기억한다. 후회할 만한 사건은 신발 속 돌멩이처럼 끊임없이 머릿속에 남아 우리를 괴롭힌다.

• 4단계는 부정적 감정의 밀물 현상이다. 앞의 불신 패턴이 반복되면 아무것도 아닌 사건조차 부정적으로 해석하게 된다.

• 5단계는 대폭발이다. 부부 관계는 하루아침에 나빠지지 않는다. 이런 식으로 사소한 일들이 화학반응을 일으

키면서 나빠지다가 마침내 폭발한다.

병도 그렇듯 부부 관계도 일정 선을 넘으면 치유하기 어렵다. 그 이전에 조심해야 한다. 가장 조심할 네 가지는 바로 '비난, 경멸, 방어, 담쌓기'다. "청소한다고 했잖아. 여전히 먼지가 있네." 같은 말은 비난이다. 배우자를 무시하는 것, 욕, 비아냥거림, 콧방귀 뀌는 것은 경멸이다. "이걸 청소라고 했어? 정신 나간 것 아니야? 대학 나온 거 맞아?" 같은 말이다. 비난, 경멸 등으로 공격하면 상대는 방어한다. 방어는 역공, 징징거림, 희생자처럼 행동하기 등의 형태로 나타난다. 방어는 갈등을 끝내지 못하고 오히려 긴장 수준을 높인다. 마지막은 담쌓기다. 아예 반응을 보이지 않거나 들은 척을 하지 않거나 나가버리는 것이다.

관계 회복을 위하여

그렇다면 어떻게 관계를 회복할 수 있을까? 친밀감을 쌓아야 한다. 좋은 관계의 핵심은 친밀감이다. 서로를 이해하고 사랑하고 그 사랑을 표현할 수 있어야 가능하다. 정서적 조율이 필요하다. 어떤 부부에게는 쉽지만 어려워하는 부부도 많다. 친밀감을 위해서는 서로의 감정에 관해 얘기를 나누고 코칭할 수 있어야 한다. 내 감정이 어떤지, 상대의 감정이 어떤지를 이해하고 서로의 감정에 반응해야 한다. 상대의 감정을 알려고 노력하고 상대의 그런 감정을 인정하고 공감을 표시할 수 있어야 한다. 감정에 관한 대화가 필요하다. 감정을 단어로 표현할 수 있어야 한다. 근데 많은 사람이 자기감정을 알지 못한다. 방법의 하나는 몸을 관찰하면서 감정에 적합한 단어를 하나씩 떠올리는 것이다. 상대 기분을 물어보고 상대가 하는 말에 반응하는 것이다. 상대가 한 말을 따라 하면 효과가 있다. 마지막은 공감과 연민을 표현하는 것이다. 상대가 하는 말을 듣고 공감하는 것만으로도 친밀감이 생길 수 있다.

갈등을 치유하는 또 다른 방법은 경청이다. 여러분은 배우자의 말을 잘 듣는가? 대부분 그렇지 못하다. 주의가 산만하다. 스마트폰을 보거나 신문을 보면서 건성으로 답한다. 상대의 말에 집중하지 못하고 끼어든다. 그래서는 안 된다. 주 1회 경청의 날을 잡아보라. 방법은 간단하다. 상대의 말이 끝날 때까지 입을 꾹 다물고 있는 것이다. 상대가 "난 충분히 얘기했으니 이제는 당신 차례야."라고 말할 때까지 말할 권한이 없다. 말하는 사람은 그 문제에 대한 자신의 생각, 느낌, 욕구를 모두 말해야 한다. 여러분은 상대가 말한 것을 반복 요약해서 말해야 한다. "당신이 한 말은 이러이러한 것 맞아?"라는 식으로 되묻는 것이다. 상대가 그렇다고 답하면 비로소 당신도 말을 할 수 있다.

가화만사성만큼 흔하게 듣는 사자성어도 없다. 근데 왜 그렇게 이 말을 많이 할까? 그만큼 중요하기 때문이다. 가정의 소중함은 아무리 강조해도 지나치지 않다. 행복한 가정은 그 자체로 천국이고 불행한 가정은 그 자체로 지옥이다. 현재 당신은 어디서 살고 있는가? 지금처럼 계속 살고 싶은가? 아니면 변화를 주고 싶은가?*

---

* 존 가트맨·낸 실버 지음, 최성애 옮김, 『가트맨의 부부 감정 치유』, 「무엇이 사랑을 지속하게 하는가? 어떻게 신뢰를 쌓고 배반을 피할 것인가?」, 을유문화사, 2014

6장

결혼은 인생의 가장 큰 변화이다

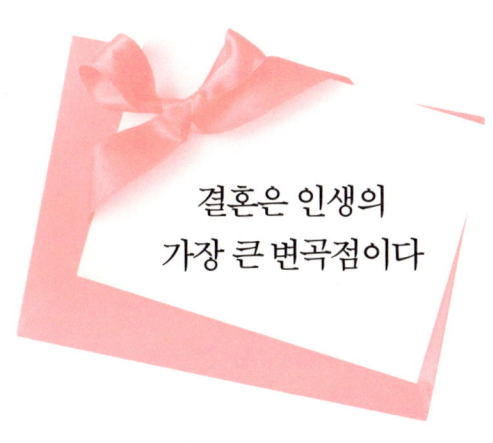

결혼은 인생의
가장 큰 변곡점이다

변화에 관한 얘기를 많이 한다. 늘 변화하라고 얘기한다. 변화하면 살아남고 변화하지 않으면 죽는다고 한다. 하지만 구체적으로 어떻게 변화해야 하고 어떻게 변화를 일으킬지에 대한 논의는 부족하다. 변화를 일으키는 최고의 기제 중 하나는 결혼이다. 변화의 의지를 갖는 것보다는 변화하지 않으면 안 되게끔 환경설정을 하는 게 좋은데 효과적인 방법이 바로 결혼이다. 혼자 사는 것보다는 결혼하면 변화할 수 있고 둘만 사는 것보다는 자식을 낳는 것이 변화에는 유리하다. 바람이 파도를 만들어내는 것과 같은 이치다. 만약 내가 결혼하지 않고 혼자 살았다면 어땠을까? 그림이 그려지지 않는다. 궁색하고 초췌한 자연인이 되지 않았을까? 분명 지금보다는 못한 존재가 됐을 것이다. 결혼 덕분에 변화했고 지금도 변화 중이다. 결혼하면 어떤 변화가 있다는 것일까?

첫째, 결혼하면 배우자가 생긴다. 배우자 가족이 내 가족이 된다. 본가 외에 처가라는 커다란 또 다른 공동체가 생긴다. 대단한 일이다. 공짜로 엄청난 네트워크가 생긴 것이다. 장인 장모에 처남 셋이란 끈끈한 인척이 생겼다. 그뿐만이 아니다. 우리 집보다는 가족 간 유대가 강한 사돈의 팔촌까지 다 알게 됐다. 부담은 늘었지만 보상도 많았다.

둘째, 자식이 주는 변화다. 자식이 가져오는 변화는 쓰나미급이다. 남의 얘기를 들어서는 그 실체를 알 수 없다. 실제 본인이 경험해야만 알 수 있다. 자식 숫자도 큰 변화다. 애가 하나 있는 것과 둘이 있는 것과 거기에 하나를 더해 셋 이상이 되는 것은 차원이 다른 것 같다. 인생은 고해라는 의미도 알게 된다. 주렁주렁 짐을 달고 움직이는 건 발목에 무거운 모래주머니를 달고 걷는 것 이상으로 힘든 일이다.

셋째, 자식의 성장에 따른 변화다. 어른이나 노인이 되면 늘 그날이 그날 같다. 오랜만에 봐도 좀 늙었다는 것 외에 별다른 변화를 느낄 수 없다. 하는 행동이나 말하는 것에서도 별다른 변화를 볼 수 없다. 아이는 다르다. 아이는 하루가 다르게 성장하고 변화한다. 내 기억에 어린아이가 청년으로 자라는 데는 별로 오랜 시간이 걸리지 않는다. 특히 아기의 성장은 경이로움 그 자체다. 아기는 몇 주 만에 보면 완전히 다른 존재가 된다. 우유를 먹다 이유식을 먹고 밥을 먹는다. 혼자 힘으로 꼼짝도 못 하다 어느새 뒤집고 기고 걷기 시작한다. 그러다 초등학교에 가고 중학교에 가고 대학을 간다. 사춘기도 겪고 부모 속도 썩인다. 그런 아이가 직장을 갖고 애인을 사귀다 결혼을 한다. 내 아이가 자기 아이를 가진다. 부모에서 할아버지 할머니로 변하는 것이다. 손주들은 하루가 다르게 무럭무럭

자란다. 손주가 셋인 난 매일이 다이내믹하다. 내가 만든 변화가 아니고 자식들과 자식의 자식이 만들어내는 변화다. 지루할 틈이 없다.

넷째, 부부 사이도 달라진다. 아니, 달라져야 한다. 처음에는 뜨겁게 사랑해서 결혼했지만 아이가 생기면 관심이 부부에서 자녀로 옮겨간다. 흔히 사랑이 식었다고 하지만 내 생각은 다르다. 그건 식은 게 아니고 다른 사랑으로 변한 것이다. 만약 젊은 시절의 뜨거움이 변하지 않는다면 어떨까? 결혼 10년이 넘어서도 배우자만 보면 가슴이 설렌다면 그건 좀 이상하다. 부정맥을 의심해봐야 한다. 세월이 흐르고 자녀가 커가면서 부부 관계 또한 달라진다. 달라져야 한다. 그래서 결혼의 단계별 변화를 나타내는 농담이 나왔다.

"3년까지는 이성애로 살고, 3년에서 10년까지는 전우애로 살고, 10년 이상은 인류애로 산다."

다들 웃는데 구구절절 맞는 말이기 때문이다. 그 속에서 부정적 의미를 생각하는 사람도 있지만 내 생각은 다르다. 이 농담처럼 부부 관계는 계속 변해야 한다고 생각한다. 아이가 생기고 나이가 들면 당연히 그래야 한다.

무엇이든 콘셉트가 명확해야 하는데 그 방법의 하나가 질문이다. 만약 내가 결혼을 하지 않았다면 난 현재 어떤 모습일까? 그게 내가 원하는 모습일까? 결혼 혹은 결혼 후 자녀 문제에 정답은 없지만 지금 시점에서 생각하는 걸 넘어 시간의 축을 옮겨보면 어떨까? 지금은 돈도 없고 시간도 없어 아이를 갖지 않았지만 칠순 잔치 때 난 어떤 생각을 할까? 무엇보다 자식 없이 그 많은 세월을 어떻게 보낼까?

변화를 원하는가? 그렇다면 변화를 위한 환경설정을 준비하라. 결혼과 자식이 좋은 도구 중 하나일 수 있다는 사실을 명심하라.

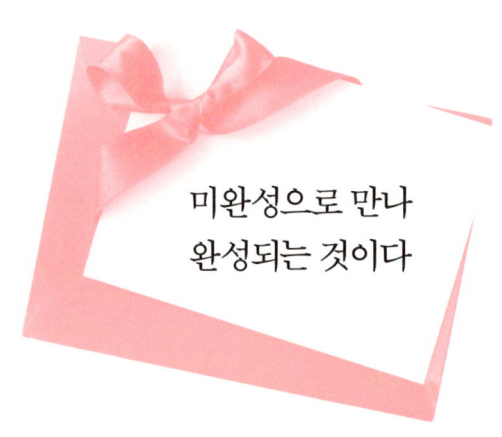

미완성으로 만나 완성되는 것이다

"그래서 어떤 사람을 원하는데?"

결혼을 안 한 미혼들과 결혼을 주제로 얘기를 나눌 때 가장 먼저 등장하는 질문이다. 난 이 질문이 마음에 들지 않는다. 너무 뻔하기 때문이다. 자신이 대단한 걸 바라지 않는다고 얘기하지만 듣고 보면 엄청 대단한 사람을 바란다. 주변 사람은 그 사람은 눈이 높아 결혼을 못 한다고 하는데 정작 본인은 그렇지 않다고 티격태격하는 게 가장 흔하게 보는 광경이다. 젊어서는 그럴 수 있지만 나이가 들 대로 든 사람이 아직 본인의 이상형 얘기를 하면 난 속으로 '나이만 들었지 아직 애구먼. 결혼하기는 쉽지 않겠네.'란 생각을 한다. 이상형에 관한 질문에서 '난 과연 어떤 배우자가 되고 싶은가?' '현재 나는 어떤 사람인가?'란 질문이 더 시급하고 현실적이다. 주제파악이 먼저다. 그게 안 된 사람이 아무리 자기 희망을 말해본들 무슨 의미가 있겠는가?

시대가 변해도 이상형에 대한 선호는 크게 달라지지 않는다. 선호하는 남자와 여자에 대한 기대치는 변하지 않는다. 남자는 돈이 최고다. 인물이 좀 떨어져도 돈이 많으면 그게 경쟁력이다. 여자는 단연 외모다. 학력, 돈 다 필요 없다. 여자에게는 외모가 최고 경쟁력이다. 이는 역사적으로 불변하는 자연법칙에 가깝다. 현재 당신은 어떠한가? 문제는 뛰어난 경제력과 외모를 가진 사람은 5% 이내라는 사실이다. 대부분 거기에 미치지 못하는 평범한 사람들이다. 당연히 자기에게 어울리는 평범한 사람을 기대해야 하는데 그게 아니다. 평범한 사람이 비범한 사람을 찾기 때문에 결혼이 힘든 것이다.

나이가 들 대로 든 여성이 있다. 인물도 괜찮고 경제력은 더 괜찮고 크게 빠지는 게 없다. 다만 마흔 가까이 되는 나이가 문제다. 늦었다고 생각하고 몇 년 전부터 결혼중개회사에 등록해 수많은 선과 소개팅을 하는데 마음에 드는 사람이 없다고 불평한다. 이게 맞으면 저게 맞지 않고 저게 맞으면 이게 맞지 않는다는 것이다. 한마디로 완성품을 찾고 있다. 마음에 맞는 파트너를 만나는 일이 그렇게 힘든 줄 몰랐다고 한탄한다. 난 왜 결혼하고 싶은지 물었다. 대답을 잘 못 한다. "그러는 당신은 완벽하고 완성품인가? 왜 진작 서두르지 않았나요?"라고 묻고 싶었지만 참았다.

왜 결혼하려고 하는가? 결혼하지 않아 불행한가? 내가 볼 때 그녀는 현재 충분히 행복한 것 같다. 왜 굳이 파트너를 찾느라 그 많은 시간을 쓰는지 이해하기 어려웠다. 그녀는 결혼에 대한 환상이 크다. 완벽한 배우자를 만나 알콩달콩 살고 싶어하지만 그 뒤에 펼쳐지는 현실적인 고단함을 잘 보지 못하는 듯하다. 결혼하고 싶은가? 그렇다면 먼저 결혼에 대한 환상과 기대를 버려라. 그가 나를 위해 뭔가를 해주기를 기대하는 대신 내가 상대를 위해 무엇을 할 것인지 생각하라. 그럼 훨씬 수월할 것이다.

결혼은 취직과 비슷하다. 그 조직이 괜찮은지 아닌지 따져야 하지만 그보다 "내가 제대로 된 사람인가? 내가 조직생활에 적합한 사람인가?"란 질문을 먼저 던져야 한다. 근데 그런 질문 던지는 사람을 본 적이 없다. 자기 모습은 잊은 채 제대로 된 사람을 찾겠다고 동분서주한다. 그들이 생각하는 괜찮은 사람은 결코 평범한 사람이 아니라 비범한 사람이다. 그런 사람이 존재할 리 없고 설혹 존재한다 해도 이미 다른 사람과 결혼했을 확률이 높다. 만에 하나 아직 결혼하지 않았다 해도 그런 사람이 나를 사랑할 확률은 제로에 가깝다. 결론은 결혼하기 힘들다는 것이다. 아예 기대를 접는 것이 좋다. 난 이런 케이스를 수만 건 봤다.

무슨 일이든 기대가 가장 큰 장애물이다. 결혼은 미완성끼리 만나 완성도를 높여가는 것이다. 비슷한 사람끼리 만나 사랑하면서 성장하는 게 결혼인데 웬 기대가 그리 높을까? 배우자는 이래야 하고 그 가족은 저래야 한다는 나름의 그림이 너무 크다. 일종의 환상을 갖고 있는데 그런 환상은 늘 깨지기 쉽다. 물론 본인이 어떤지, 어때야 하는지에 관한 생각은 전혀 하지 않는다. 당연히 기대와 현실에 차이가 생기고 결국 실패한다.

성공적인 결혼의 제1원칙은 '큰 기대를 하지 않고 상대를 있는 그대로 받아들이는 것'이다. 그래도 좀 괜찮은 사람과 결혼하는 방법이 있긴 하다. 내가 먼저 괜찮은 사람이 되는 것이다. 사람 눈은 다 비슷하다. 내 눈에 괜찮은 사람은 다른 사람 눈에도 괜찮은 법이다. 괜찮은 사람은 선택의 여지가 많다. 늘 자신을 좋아하는 사람들에게 둘러싸여 있다. 괜찮은 사람과 연을 맺기 위해서는 내가 비슷한 급이 되어야 한다. 열심히 공부해서 좋은 학교에 가려는 것도, 좋은 직업을 가지려는 것도, 매일 운동을 해서 몸을 다듬는 것도 그런 과정이다.

세상의 비극은 눈은 높은데 자기 처지는 별 볼 일 없을 때 일어난다. 해결 방법은 두 가지다. 눈을 낮추든지, 아니면 자신을 업그레이드하면 된다. 그런데 사람들은 그게 되지 않는다. 아무 노력도 하지 않으면서 괜찮은 왕자님과 공주님이 나타나길 기다린다. 운동하지 않으면서 날씬하고 건강한 몸을 갖고 싶은 마음만큼이나 허무한 일이다. 난 현재 어떤 사람인가?

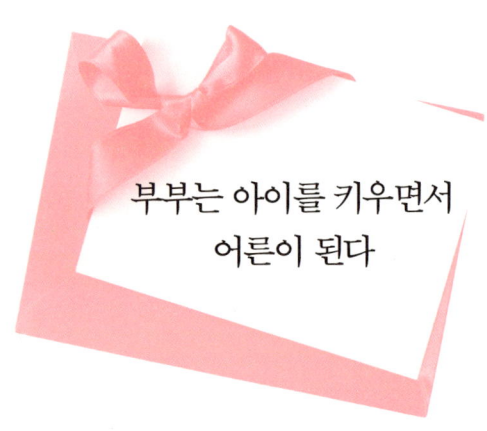

부부는 아이를 키우면서 어른이 된다

한동안 딩크DINK족이 유행했다. 더블 인컴 노 키즈Double Income No Kids의 줄인 말인데 애 없이 둘이 맞벌이하면서 풍족하게 인생을 즐기자는 것이다. 결혼도 선택, 자식도 선택, 일하는 것도 선택, 일 안 하는 것도 선택이니 무엇이 옳고 그르다고 얘기할 성질은 아니다. 그걸 주장할 자격도 없다. 그럼에도 불구하고 아이를 낳는 것이 좋은지, 낳지 않는 것이 좋은지는 결혼만큼이나 아니 결혼보다 중요한 의사결정임은 틀림없다. 내 결론은 아이는 낳는 게 낫다는 것이다. 독신으로 살거나 결혼했어도 애가 생기지 않으면 할 수 없지만 아이가 생기면 낳아 길러보는 게 좋다는 것이다. 왜 그런 생각을 할까?

첫째, 내 아이를 낳아 기른다는 건 말도 못 할 기쁨이고 축복이다. 당신 인생에서 가장 자랑스러운 일은 무엇인가? 난 좋은 아내와 결혼하고 예쁘고 사랑스러운 딸 둘을 낳아 잘 길렀다. 첫째 딸 화영이를 클리블랜드 공항에서 처음 만난 순간을 잊을 수 없다. 처가에 맡긴 둘째를 귀국해서 김포공항에서 만난 순간 역시 잊을 수 없다. 만약 그들이 없었다면 내 인생은 어땠을까? 아이가 없어 경제적으로 더 풍요로웠을까? 그들에게 쓸 돈을 부부가 썼으니 은행 계좌에 돈이 좀 더 있을 수는 있겠지만 지금의 충만감은 느낄 수 없었을 것이다.

애는 애로 끝나는 게 아니다. 아이가 성장하고 변화하면서 나 역시 변화하고 성장하는 걸 느낀다. 그들이 없었으면 늘 그 자리에 머물렀을 가능성이 크다. 딸들이 멋진 사위들을 데리고 왔고 결혼을 시켰고 그들이 자신의 아들딸을 선물한 덕분에 누리는 이런 호사는 결코 설명할 수 없다. 자식을 낳으면서 난 사랑이란 어떤 것인지 알 수 있었다. 눈에 넣어도 아프지 않다는 말이 어떤 의미인지 알 수 있었다.

둘째, 아이를 키우면서 내가 성장할 수 있다. 사실 결혼 자체는 큰 변화를 가져오지는 않는다. 혼자 살다 둘이 살게 되는 것이고 다른 가족이 내 가족이 되면서 가족이 확대되는 것에 불과할 수도 있다. 근데 아이를 낳는 건 차원이 다르다. 집 안을 송두리째 바꾸어놓는다. 아이가 생기는 순간 집 안 전체가 아기들 물건으로 가득하다. 할머니와 할아버지만 사는 우리 집에도 얼마나 많은 아기 물건이 있는지 모른다.

육아는 극한 체험이다. 그 어떤 노동보다 강도가 세다. 자기희생 없이는 절대 할 수 없는 일이다. 육아는 나를 버리는 과정이다. 아니, 버릴 수밖에 없다. 아기는 말이 통하지 않는다. 내가 힘들다고 아이가 봐주는 것도 아니다. 그렇다고 어디에 내다 버릴 수도 없다. 오죽하면 독박육아란 말까지 나왔겠는가? 근데 그 과정에서 내가 성장한다.

내가 생각하는 육아育兒의 재정의는 육아育我다. 아기를 돌보는 것 같지만 사실은 나를 돌보는 것이다. 사람은 자기 아이를 길러봐야 어른이 된다는 건 진리 중 진리다. 아이를 키우면서 뜨거운 맛을 봐야 성장할 수 있다.

셋째, 아이를 낳고 길러봐야 참사랑이 무엇인지 알 수 있다. 둘만 하는 사랑을 뛰어넘는 위대한 사랑의 존재를 인식할 수 있다. 이와 관련해 시각장애인 출신 애널리스트인 신순규의 얘기가 도움이 된다. 그가 쓴 책 『눈 감으면 보이는 것들』 중 일부를 인용한다.

"사랑은 둘이 하는 거라고 많은 사람이 믿는다. 그래서 연애도 둘이 하고 결혼도 둘이 한다. 하지만 우리는 참사랑, 정말 찐하게 사랑하려면 적어도 셋이 필요하다고 믿는다. 둘의 사랑에서 비롯된 아이 혹은 아이들을 같이 사랑하며 키울 때 사랑에서 비롯되는 기쁨, 아픔, 즐거움, 슬픔을 다 맛볼 수 있으니까."

쓴맛을 본 사람만이 단맛을 알 수 있다. 육아는 정말 힘든 일이지만 그만한 대가가 있다는 걸 시인 박성우가 쓴

「유랑」에서 엿볼 수 있다.

"백일도 안 된 어린 것을 밥알처럼 떼어 처가로 보냈다. 아내는 서울 금천구 은행나무골목에서 밥벌이를 한다. 가장인 나는 전라도 전주 경기전 뒷길에서 밥벌이한다. 한 주일 두 주일 만에 만나 뜨겁고 진 밥알처럼 엉겨붙어 잔다."

육아의 고달픔을 느끼게 된다. 먹고살기 위해 아이를 밥알처럼 떼어야 하는 아픔이 느껴진다. 그래도 온 가족이 한 주나 두 주 만에 만나면 아주 뜨겁고 진득한 밥알처럼 엉겨붙어 잔다는 것이다. 아이가 없으면 절대 맛볼 수 없는 감정이다.

아이는 나를 힘들게 한다. 내 커리어에 심한 손상을 준다. 돈도 너무 많이 든다. 그렇다고 아이가 꼭 잘될 것이란 보장도 없다. 그래서 가지 많은 나무 바람 잘 날 없고 무자식이 상팔자라는 말도 나왔다. 그럼에도 불구하고 아이를 낳아야 하는 이유는 그 아이 덕분에 내가 살 수 있기 때문이다. 내가 아이를 키우는 게 아니라 아이가 나를 키우는 것이다. 마지막으로 홍익희가 쓴 『유대인 창의성의 비밀』에 나오는 아이 관련 얘기를 소개한다.

"육아는 고비용 고수익 활동이다. 아이는 경제적 가치는 없지만 정서적으로 무한한 가치를 지닌 존재다. 육아는 힘겨워도 부모는 아이 덕에 무엇과도 견줄 수 없는 초월적 경험을 한다. 부모가 아이를 키우는 게 아니라 아이를 겪으면서 비로소 부모가 된다. 부모가 아이를 키우는 게 아니다. 아이가 부모를 키우는 것이다. 어른으로 성장시키는 것이다."

아이 낳는 것에 관한 생각이 좀 바뀌었는가?

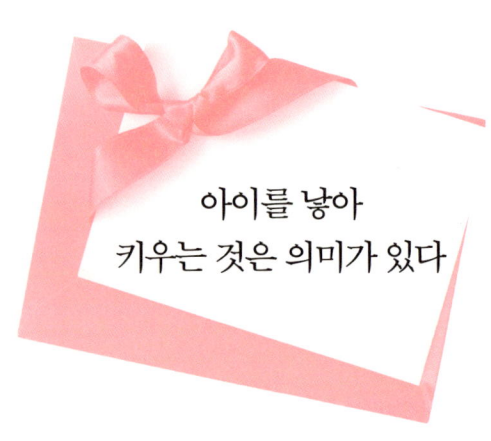

아이를 낳아 키우는 것은 의미가 있다

"결혼은 안 해도 좋은데 아이는 갖고 싶어요."

꽤 많은 여성에게 들은 얘기다. 그만큼 여성은 본능적으로 아이를 원하는 것 같다. 결혼과 아이를 매트릭스로 네 가지 경우의 수를 만들 수 있다. 첫째, 결혼도 하고 아이도 갖는 것인데 가장 전통적이다. 둘째, 결혼은 하지만 아이는 갖지 않는 것이다. 소위 말하는 딩크족이다. 셋째, 결혼도 안 하고 아이도 갖지 않는 것이다. 요즘 급속히 늘고 있는 비혼주의자들이다. 넷째, 결혼은 안 하지만 아이는 갖고 싶은 것이다. 새로이 등장한 부류다.

최근 지인에게 들은 얘기다. 50세 가까이 된 동생이 미국에 가서 혼자 아이를 낳았다는 것이다. 일찌감치 난자를 냉동했고 미국의 정자은행에서 정자를 받아 대리모를 얻어 아이를 낳았는데 백일이 좀 넘었다고 한다. 사유리가 일본에 가서 아버지 없는 아이를 낳은 얘기와 비슷하다. 둘 다 아버지가 누구인지 모른다는 공통점이 있다. 사유리는 직접 아이를 낳았고 그 지인은 대리모를 통해 낳았으니 자신은 난자만 빌려준 셈이다. 그렇다면 엄마가 누구인지에 대한 새로운 재정의도 필요할 것 같다. 그런 걸 논외로 하더라도 확실한 건 두 사람 모두 아이를 간절히 원했다는 것이다.

결혼을 할 것인가, 말 것인가? 아이를 가질 것인가, 가지지 않을 것인가? 모두 개인의 취향 문제다. 많은 여성이 결혼은 안 해도 되는데 아이는 낳고 싶다고 얘기한다. 어떤 여성은 결혼은 해도 아이는 낳고 싶지 않다고 한다.

우선 아이를 낳지 않는 이유를 알아보는 게 필요하다. 독일에서 아이를 낳지 않는 이유를 조사했다. '경제적으로 부담이 된다. 자식을 낳기에는 너무 젊다. 직업상 아이를 낳기 힘들다. 적당한 배우자가 없다. 최대한 여유 있게 살고 싶다. 하고 싶은 일이 너무 많다. 육아는 너무 힘들다. 최대한 독립적으로 살고 싶다. 친구 만날 시간이 줄어든다.' 우리도 대부분 비슷한 이유로 아이 낳기를 주저하고 있다. 다 이해가 된다. 그렇다면 아이를 낳는다면 어떤 이유로 낳아야 할까? 내 생각은 이렇다.

첫째, 자식이란 무엇인지, 어떤 존재인지를 잘 재정의하는 게 중요하다. 예전에는 피임도구도 없고 하니까 그냥 생기는 대로 낳은 측면이 강했지만 지금은 다르다. 낳을 것인지, 말 것인지, 낳으면 어떻게 키울 것인지에 대한 명확한 그림을 갖는 것이 필요하다. 그냥 낳아서 키우기에는 대가가 너무 크기 때문이다. 경제적인 면은 물론이고 정신적인 면과 커리어적인 면으로 리스크가 크다. 사전에 부부가 합의해서 결정하는 것이 바람직하다.

둘째, 내가 생각하는 자식은 신이 내게 준 가장 귀한 선물이다. 꽤 많은 사람이 인생을 바꾼 사건, 가장 잘한 일이 자식을 낳아 키운 일이라고 하는 걸 보면 자식은 소중한 선물임이 틀림없다. 그렇기 때문에 낳을 수 있으면 낳는 게 좋다고 생각한다. 근데 누구나 그 선물을 받을 수 있는 건 아닌 것 같다. 요즘은 불임과 난임이 너무 많다. 정확한 이유는 모르지만 반 이상이 아이가 생기지 않아 고생한다. 난임 클리닉이 잘되는 이유도 그만큼 아이를 원하는 부부가 많기 때문이다.

셋째, 아이들은 존재만으로 가정은 물론 사회에도 빛이 되고 기쁨이 된다. 무뚝뚝한 아저씨도 아기를 보면 웃는다. 적대적인 사람들을 결합시킨다. 새로운 깨달음을 주고 성숙시킨다. 생명에 대해 경외심을 갖게 한다. 감정이 충만해진다. 이타성을 배울 수 있다.

넷째, 아이를 키우면 성장할 수 있다. 육아는 극한 체험이다. 쉬워 보이지만 가장 어려운 일이다. 애를 통해 세상에는 내 마음대로 되지 않는다는 사실을 발견하고 그런 과정에서 겸손을 배울 수 있다. 앞에서도 언급했지만, 내가 생각하는 육아育兒는 육아育我다. 아이를 키우는 것 같지만 사실은 나를 키우는 것이다. 성장하고 싶은가? 그렇다면 아이를 낳아 키워보라. 아이가 크면서 당신도 성장한다는 걸 알 수 있다.

다섯째, 아이를 키우면 사랑에 대해 배울 수 있다. 사랑에 관한 온갖 노래가 있지만 내가 생각하는 최고의 사랑은 아이에 대한 사랑이다. 갓난아기가 내 손을 꼭 잡고 나를 볼 때의 그 느낌은 표현 불가다. 아이가 크면서 주는 사랑 또한 말로 할 수 없다. 내가 생각하는 아이는 천사다. 하나님이 자신을 대신해 자기 존재를 대신하게 한 것이 아이다. 나는 현재 세 명의 천사를 갖고 있다. 할아버지 하면서 달려와 내 품에 안길 때 그 짜릿함을 어떻게 표현할 것인가?

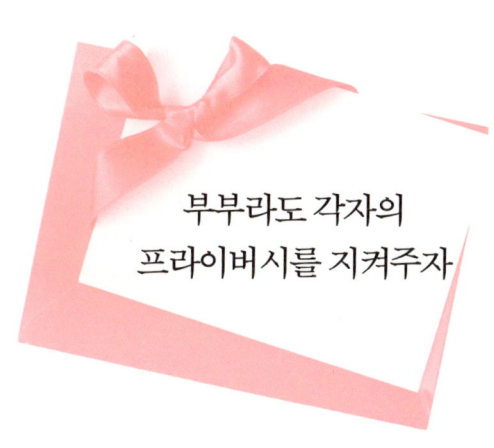

부부라도 각자의 프라이버시를 지켜주자

　오래전 폭스바겐이 경영상 어려움으로 몇 달간 공장 폐쇄를 했는데 그때 그 동네 이혼율이 급증했다는 기사를 읽은 적이 있다. 몇 달간 계속됐던 상하이 봉쇄가 풀리면서 그 동네 이혼율 역시 늘었다는 보도가 나왔다. 왜 갑자기 이혼율이 증가했을까? 부부의 접촉 시간이 길어지면서 갈등이 폭발했기 때문이 아닐까 하는 것이 내 가설이다. 예전처럼 출근했다 퇴근해 두 사람 사이의 접촉 시간이 짧았다면 이혼까지 가지는 않았을 것이다. 이런 걸 보면 부부간에 너무 붙어 있는 건 바람직하지 않다. 은퇴한 친구들의 아내들이 힘들어하는 것도 늘 떨어져 있던 남편과 하루 종일 같이 있어야만 하기 때문이다. 모든 대인 관계의 핵심은 일정한 거리를 두는 것이다. 너무 붙어 있으면 안 된다. 부부 사이 역시 그러하다.

사랑이란 무엇일까? 내가 생각하는 사랑은 보고 싶은 것이다. 같이 있고 싶은 것이다. 헤어지기 싫은 것이다. 기다리는 것이다. 보통 대인 관계에서는 힘든 일이다. 그래서 찾아낸 방법이 결혼이다. 서로가 소유함으로써 보고 싶을 때 볼 수 있고 계속 같이 있을 수 있는 권리를 획득한 것이다. 문제는 소유의 특성이다. 소유한 순간 귀한 감정이 식기 시작하고 싫증을 낸다. 사랑을 유지하기 위해서는 자유를 주어야 한다. 내 것이 아니라고 생각하면 사랑이 계속 생겨난다. 평소 '소 닭 보듯' 하던 남편이 아프면 사랑이 생겨나는 경우가 있다. 그 사람이 더 이상 내 소유가 아니고 떠날 때가 되었다고 판단하기 때문이다. 함부로 하는 것도 내 소유라고 생각해서 그렇다.

결혼은 일심동체라는 말이 있다. 말이 되지 않는 말이

다. 모르는 남녀가 만나 결혼을 했다고 일심동체가 될 수 있는가? 부부는 엄연한 이심이체다. 두 사람의 다른 몸과 인격이 만나 같이 사는 것이다. 당연히 개인의 시간과 공간이 필요하다. 내가 아는 부부는 같이 작은 가게를 하는데 하루 종일 붙어 있을 수밖에 없는 것이 너무 힘들다고 고백한다. 자기만의 시간과 프라이버시가 없는 것이 가장 고통스럽다는 것이다. 나 역시 아내와 며칠간 여행했을 때 비슷한 경험을 했다. 사랑하고 편한 아내지만 하루 24시간을 붙어 지내는 건 힘들었다. 아내도 힘들었을 것이다.

모든 관계에는 거리가 필요한데 특히 부부 관계는 더욱 그러하다. 그렇기 때문에 의도적으로 거리를 두어야 한다. 모든 걸 알려고 하지 말아야 한다. 그만의 개인적인 삶을 인정해줘야 상대도 내 삶을 인정한다. 두 사람 사이에 공간이 있어야 숨을 쉴 수 있다. 나도 살고 상대도 살 수 있다. 너무 밝은 백열전등 밑에서는 잘 수 없다. 어두워야 쉴 수 있고 잘 수 있다. 그런 면에서 어항 속 물고기는 불행하다. 자기만의 공간이 없기 때문이다. 모든 것을 드러낸

삶은 불행하다. 사람은 누구나 감추고 싶은 것이 있다. 감춰야 할 것이 있다. 마음속 다락방이 필요하다. 몰라서 생기는 비극보다 알아서 생기는 비극이 더 많다.

가장 쉬운 것 같지만 가장 어려운 것이 부부 관계다. 여러 가지 조심해야 할 것이 있지만 가장 큰 건 거리 유지다. 너무 멀어도 안 되지만 너무 가까워도 안 된다. 모든 걸 알아야 한다는 생각도 버려야 한다. 상대가 얘기하지 않으면 굳이 알려고 하지 말아야 한다. 때론 알아도 모른 척할 수 있어야 한다. 결혼의 승패는 상호 독립과 상호 의존의 조화 여부에 있다. 혼자도 잘 지내지만 둘이도 잘 지내는 것이다. '따로 또 같이'를 슬로건으로 해야 한다.

"부부 관계는 딱풀보다는 포스트잇 같은 관계가 이상적이다."

정신신경과 의사 양창순의 말이다.

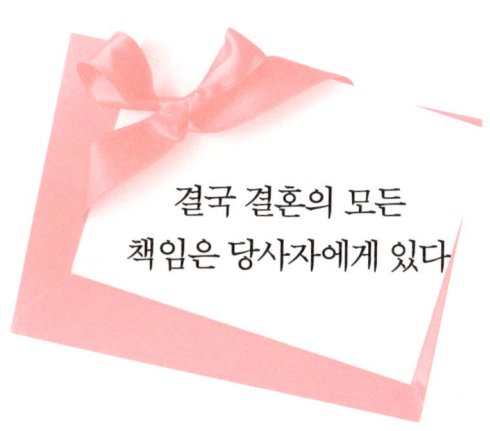

결국 결혼의 모든 책임은 당사자에게 있다

 지인 중 한 사람에게 최근 결혼을 결심한 남자가 생겼다. 문제는 부모의 반대다. 아버지가 심하게 반대해서 고민 중이다. 이유는 종교 때문이다. 여자 집은 기독교인데 남자가 가톨릭인 것이 마음에 들지 않는다는 것이다. 할 수 없이 남자가 자기 종교를 포기하고 교회를 다니기 시작했다. 그러자 이번에는 남자 믿음을 시비 삼기 시작했다. 그 정도의 믿음으로 우리 딸과 결혼할 수 없다면서 『성경』을 읽고 주기적으로 장별 소감문을 써서 제출하라는 숙제를 주었다는 것이다.

그 얘길 듣고 여러 생각이 들었다. 이건 뭔가? 딸 가진 아버지의 시기와 질투인가? 다 큰 성인에게 결혼을 이유로 종교를 강요하는 것이 올바른 일일까? 아버지가 그럴 자격이 있는가? 반대에 부딪힌 남자는 어떤 심정일까? 나중에 결혼 후 장인과의 관계는 어떨까? 한 가지 분명한 사실이 있다. 결혼해도 장인과 사위 관계가 좋기는 어려울 것이란 사실이다.

부모 자식 관계를 쉽게 생각하는 사람이 많다. 자식을 자기 소유물로 생각하는 사람도 많다. 어려서는 그럴 수 있다. 하지만 성인이 된 자식을 과도하게 간섭하는 것은 서로 도움이 안 된다. 부모의 반대로 자신이 하고 싶은 전공을 포기한 사람이 수십만 명은 될 것이다. 지금도 수십만 가정에서 그런 문제가 일어나고 있다. 물론 그중 일리 있는 것도 있다. 덕분에 잘된 사람도 많다. 하지만 그로 인해 자식의 날개를 부러뜨린 사람도 부지기수다. 무지의 소산으로 그릇된 방향을 알려주는 경우도 많다. 배우자 선택에 관한 간섭도 그렇다. 본인 결혼 문제에 부모가 반대할 수 없다는 법을 제정한다면 영화와 드라마 중 반은 사라질 것이다. 자녀 결혼에 부모가 의견을 가질 수는 있다. 아니, 자격이 있을 수도 있다. 하지만 정도를 넘지 말아야 한다. 무엇보다 누가 주인공인지를 구분해야 한다. 도대체 누가 결혼을 하는가? 결혼의 주체가 누구이고 누가 책임을 질 것인가? 당연히 결혼하는 당사자다.

난 자식이 데리고 온 배우자 후보가 마음에 들지 않을 때 이런 마음을 가지려고 했다.

첫째, 내 자식의 수준을 파악할 기회다. 사람은 수준에 맞는 사람을 고르게 되어 있다. 데리고 온 사람이 신통치 않다는 것은 뒤집어 얘기하면 내 자식이 신통치 않다는 것이다. 내 자식의 눈이 그 정도란 사실을 인정해야 한다.

둘째, 결론이 어떻게 날지 생각해야 한다. '이건 정말 아니다.'라고 생각하면 계속해서 결사반대해야 한다. 밀리면 안 된다. 물론 그로 인한 부작용은 감당해야 한다. 이로 인해 결혼 자체를 포기하는 자식도 있고, 집안과 절연하고 자기들끼리 결혼하는 경우도 있고, 헤어지고 다른 사람과 결혼해 사는 자식도 있다.

셋째, 마음에 들지 않아도 자식의 선택을 존중한다면 흔쾌히 승낙해야 한다. 난 이 방법을 추천한다. 그 결혼은 자식의 선택이다. 내가 결혼하는 것이 아니고 자식이 결혼하는 것이다. 두 사람이 사랑하는 게 중요하다. 부모의 기분은 그렇게까지 중요하지 않다. 냉정하게 얘기하면 자식이 선수이고 부모는 관중이다. 이 사실을 잊지 말아야 한다.

최악은 엄청나게 반대하다가 '자식 이기는 부모 없다는 생각으로 막판에 승낙하는 것'이다. 드라마는 대부분 이것을 기반으로 쓰인다. 그렇게 되면 어떤 일이 일어날까? 당신이 그토록 사랑하는 자식에게 가장 큰 손해가 갈 것이다. 결혼은 현실이다. 좋은 일보다는 힘든 일이 많다. 그때마다 두 사람 생각이 복잡해질 것이다. '반대를 무릅쓰고 한 결혼이 이것밖에 되지 않는가?'라는 후회를 할 것이다. 잘살아도 문제, 못 살아도 문제다. 무엇보다 반대로 인한 상처는 평생 갈 것이고 부모도 꽤 큰 비용을 지불해야 한다.

난 노자의 생이불유生而不有란 말을 좋아한다. 내가 만들었지만 가지려 하지 않는다는 뜻이다. 자식은 내가 낳았지만 내 소유물이 아니다. 부모 역할은 자식이 건전한 사회인이 되도록 돕는 것이다. 자식이 자기 자식을 낳아 같은 역할을 한다면 그걸로 충분하다. 더 이상은 기대하지 않는 것이 좋다. 더 이상을 하면 좋겠지만 그건 어디까지나 자식 몫이다. 더 이상을 기대한다면 자식과의 관계에 신경을 써야 한다. 무엇보다 새 식구가 되는 며느리나 사위에게 최선을 다해야 한다. 그들이 내 마음에 드느냐보다 어떻게 해야 내가 그들 마음에 들지를 고민해야 한다. 누가 갑일 것 같은가? 지금은 당신이 갑일 것 같지만 결혼하는 순간, 나이가 드는 순간 당신은 을이다. 지금 당신이 그들을 사랑하지 않으면 그들 역시 당신을 사랑하지 않을 것이다. 지금 그들을 품어야 그들 역시 당신을 품을 것이다.

결혼을 공부하라

초판 1쇄 인쇄 2023년 1월 13일
초판 1쇄 발행 2023년 1월 20일

지은이 한근태
펴낸이 안현주

기획 류재운 이지혜 **편집** 안선영 **마케팅** 안현영
디자인 표지 최승협 본문 장덕종

펴낸곳 클라우드나인   **출판등록** 2013년 12월 12일(제2013-101호)
주소 우) 03993 서울시 마포구 월드컵북로 4길 82(동교동) 신흥빌딩 3층
전화 02-332-8939 **팩스** 02-6008-8938
이메일 c9book@naver.com

값 14,000원
ISBN 979-11-981209-3-9 03320

- 잘못 만들어진 책은 구입하신 곳에서 교환해드립니다.
- 이 책의 전부 또는 일부 내용을 재사용하려면 사전에 저작권자와 클라우드나인의 동의를 받아야 합니다.
- 클라우드나인에서는 독자여러분의 원고를 기다리고 있습니다.
  출간을 원하는 분은 원고를 bookmuseum@naver.com으로 보내주세요.
- 클라우드나인은 구름 중 가장 높은 구름인 9번 구름을 뜻합니다. 새들이 깃털로 하늘을 나는 것처럼 인간은 깃펜으로 쓴 글자에 의해 천상에 오를 것입니다.